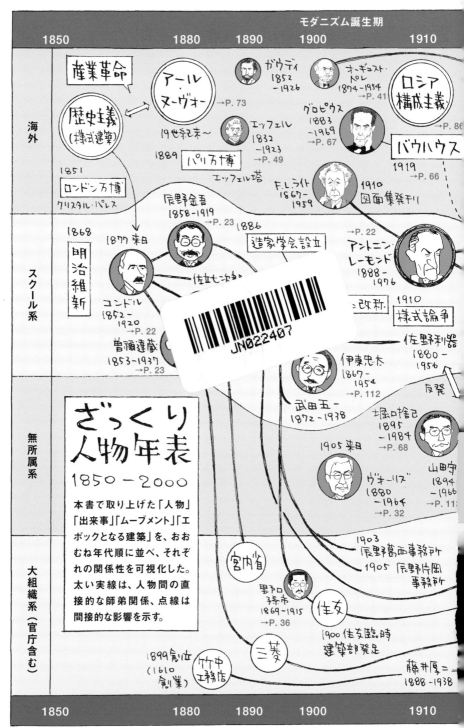

産業革命

アール・ヌーヴォー

19世紀末～

ガウディ
1852
-1926
→P. 73

オーギュスト・ペレ
1874-1954
→P. 41

ロシア構成主義
→P. 86

歴史主義
（様式建築）

エッフェル
1832
-1923
→P. 49

グロピウス
1883
-1969
→P. 67

バウハウス
1919
→P. 66

1889　パリ万博

エッフェル塔

海外

1851
ロンドン万博

クリスタル・パレス

F. L. ライト
1867-
1959

1910
図面集発刊

辰野金吾
1858-1919
→P. 23

1886

1868
明治維新

1877 来日

造家学会設立
→P. 22

アントニン・レーモンド
1888-
1976

スクール系

佐立七次郎

コンドル
1852-
1920
→P. 22

JN022407

二改称

1910
様式論争

曽禰達蔵
1853-1937
→P. 23

佐野利器
1880-
1956

伊東忠太
1867-
1954
→P. 112

反発

**ざっくり
人物年表**

1850 － 2000

本書で取り上げた「人物」「出来事」「ムーブメント」「エポックとなる建築」を、おおむね年代順に並べ、それぞれの関係性を可視化した。太い実線は、人物間の直接的な師弟関係、点線は間接的な影響を示す。

武田五一
1872-1938

堀口捨己
1895
-1984
→P. 68

無所属系

1905 来日

ヴォーリズ
1880
-1964
→P. 32

山田守
1894
-1966
→P. 11

1903
辰野葛西事務所

1905 辰野片岡
事務所

大組織系（官庁含む）

宮内省

野口孫市
1869-1915
→P. 36

住友

三菱

1900 住友臨時
建築部発足

1899創立
（1610
創業）

竹中工務店

藤井厚二
1888-1938

→ のあとの数字は本書内の掲載ページ。なお、人物については、建築界の表舞台に現れたおよその時期に置いたため、生誕順と

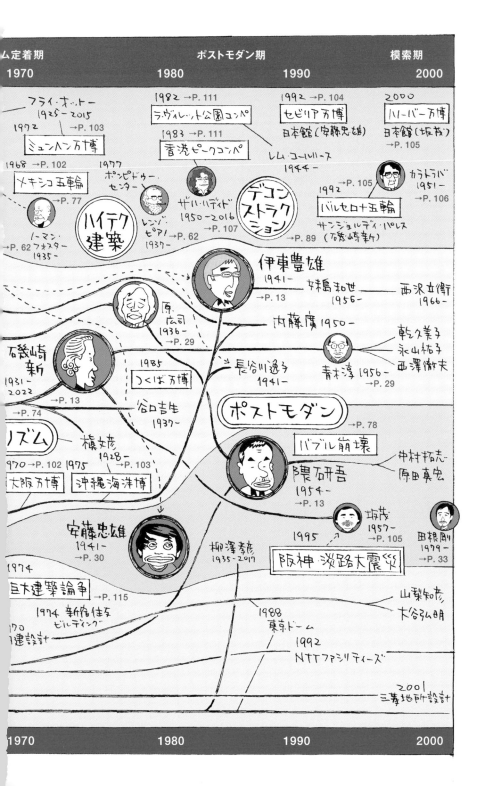

1945　　　　　1950　　　　　1960

海外

1947　CIAM再開
1959まで
1958 →P.101　ブリュッセル万博
1967 →P.102　モントリオール万博

ル・コルビュジエ
1887-1965

1960 →P.101　ローマ五輪
ネルヴィ 1891-1979
→P.54

オスカー・ニーマイヤー 1907-2012

バックミンスター・フラー
1895-1983
→P.83

構造表現主義

第二次世界大戦終結

吉阪隆正 →P.21
1917-1980

1962 →P.96　「住宅は芸術である」

篠原一男 1925-2006
→P.96

スクール系

清家清
1918-2005 →P.28

坂倉準三

前川國男　丹下健三

池辺陽
1920-1979
→P.93

西澤文隆
1915-1986

東孝光 →P.98
1933-2015

→P.98

大高正人
1923-2010
→P.59

最小限住宅
→P.92

1964　東京五輪
→P.102

メタボ

増沢洵
1925-1990
→P.94

菊竹清訓

1948,1949 →P.109
広島で2つの公開コンペ

丹下健三

黒川紀章
1934-2007
→P.76

菊竹清訓

無所属系

広瀬鎌二
1922-2012
1953 SH-1
→P.95

白井晟一

1956　縄文 vs.弥生
→P.115

1963
国立国際会館コンペ →P.110

大組織系（官庁含む）

1950　日建設計工務

1949　逓信省分室リ

1952　電電公社

1963　三愛ドリームセンター

林昌二
1928-2011
→P.13

内田祥哉
1925-2021

三菱地所

竹中工務店

1945　　　　　1950　　　　　1960

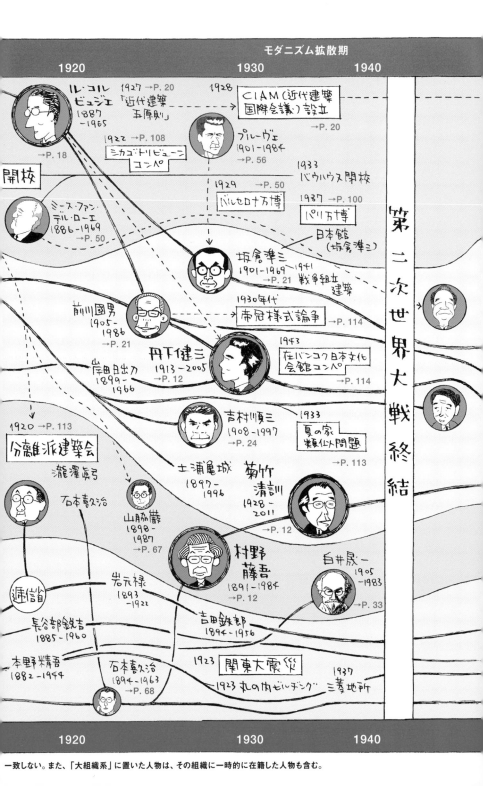

1920　1930　1940

ル・コルビュジエ 1887-1965 →P.18

1927 →P.20 「近代建築五原則」

1922 →P.108 シカゴ・トリビューンコンペ

1928 CIAM(近代建築国際会議)設立 →P.20

プルーヴェ 1901-1984 →P.56

1933 バウハウス開校

開校

ミース・ファン・デル・ローエ 1886-1969 →P.50

1929 →P.50 バルセロナ万博

1937 →P.100 パリ万博

日本館 (坂倉準三)

坂倉準三 1901-1969-1941 →P.21 戦争組立建築

前川國男 1905-1986 →P.21

1930年代 帝冠様式論争 →P.114

丹下健三 1913-2005 →P.12

岸田日出刀 1899-1966

1943 在バンコク日本文化会館コンペ →P.114

吉村順三 1908-1997 →P.24

1933 夏の家類似人問題 →P.113

1920 →P.113

分離派建築会

瀧澤眞弓

石本喜久治

山脇巌 1898-1987 →P.67

土浦亀城 1897-1996

菊竹清訓 1928-2011 →P.12

村野藤吾 1891-1984 →P.12

白井晟一 1905-1983 →P.33

逓信省

岩元禄 1893-1922

長谷部鋭吉 1885-1960

吉田鉄郎 1894-1956

本野精吾 1882-1944

石本喜久治 1894-1963 →P.68

1923 関東大震災
1923 丸の内ビルヂング

1937 三菱地所

第二次世界大戦終結

1920　1930　1940

一致しない。また、「大組織系」に置いた人物は、その組織に一時的に在籍した人物も含む。

画文でわかる

建築超入門［歴史と創造］

画・文：宮沢 洋

彰国社

イラスト：宮沢 洋

ブックデザイン：Hayashi Takuma Design Office

まえがき の まんが

筆者（宮沢）は文系出身である。出版社に就職し、建築専門誌に配属されて、「建築」と出会った。

筆者自画像

今は「画文家」を名乗り、建築の面白さも一般の人に伝える活動をしている。

例えばこんな本

自他共に認める"建築好き"だ。しかし、社会人になるまで、「建築」に全く興味はなかった。

君は日経アーキテクチュアね

（30年前）

アーキテクチャ？

何？？

それでも、振り返ってみると、大学生以前に"心を動かされた建築"が三つある。一番古い記憶は、小学生のときに遠足のバスから見たこの建築。

うお

夕日を背にした代々木競技場第二体育館（1964年、丹下健三）のシルエットは、小学生にも力の流れを感じさせた。

カッコイイ

宇宙基地

もう一つは、大学1年生のときに、先輩に連れていってもらったこのビル。

スカイレストラン行くぞ！

3

うぉ…

新宿NSビル（1982年、日建設計）だ。一見、地味な外観の中にこの大空間!!
後に設計者の林昌二（日建設計）とは仕事をご一緒した。

ほ！
→ NSビル、感動しました!

三つ目は、実際の建築ではなくCMの映像。波打ち際に、砂でつくられたサグラダ・ファミリア（ガウディ）。

女、薬師丸ひろ子!
←高校生

何だこれは？
がはー

（音楽は高中正義）

今考えると、なかなかいいセンスだ。"建築好き"になる素養はあったのだと思う。しかし実際には、建築の取材を始めて建築が面白くなるまでに3年くらいかかった。

難…

当時（1990年代初め）、一般向けの建築の本は、ほとんどなかった。まるで「わからないやつは読むな」という感じの本ばかり。

建築の○○
つらい…

それでも仕事だから、必要な本を読み続けていると、あるときコップから水があふれるように「建築って面白い」と思い始めた。

でも、3年は長すぎる…。数か月、いや数日で面白さがわかったら良かったのに…。

0月
1234
567891011
12131415161718
192021222324
25262728

本書は、筆者のそういう体験をもとにしている。

「建築を自ら楽しめるようになるための早道を教えたい」という本である。

よし、書くぞっ

具体的には、三つの方針を立てた。

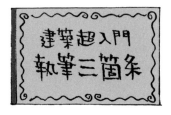

建築超入門
執筆三箇条

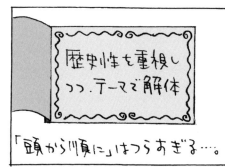

歴史性を重視しつつ、テーマで解体

「頭から順に」はつらすぎる…。

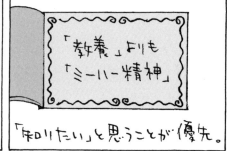

「教養」よりも「ミーハー精神」

「知りたい」と思うことが優先。

プロもうなるうんちくを混ぜる

「よく知ってるね」とほめられたい。

言っておくが、「建築家になる」ための本ではない。そういう志の人にも読んではもらいたいが、狙いはあくまで「建築好きを育てる」こと。

ご自由に。

建築家

オススメ!!

建築好き

まじめな話、筆者は「建築家を増やす」ことより「建築好きを増やす」方が重要だと考えている。簡単に言うと、建築の寿命が延びるからだ。

もう壊すの?

どんな本に仕上がったか。ぜひ手に取ってご覧いただきたい。

自信作です!!

絵ときマンガ　ふくもり泣作
建築超入門［歴史と意匠］

目次

DAY 1

誰が設計したのか？［人物と継承］

「4日間で建築を好きになる」講義の1日目は、キーマンの名前を覚えること。赤ん坊がまず覚えるのは「ママ」「パパ」。全体像にとらわれず、まずは起点になる「人物」を覚え、そこから情報を広げていこう。建築家を覚える場合には、人物間で「継承」されたものが何かを意識すると脳にインプットされやすく、興味も広がる。

ル・コルビュジエ

アントニン・レーモンド

村野藤吾

丹下健三

菊竹清訓

林昌二

磯崎新

伊東豊雄

安藤忠雄

隈研吾

まずは建築家の名前を10人覚えよう

[ポイント]

・活躍中の建築家だけを追っていても、建築の面白さは深まらない。

・話題の広がりの「起点」となる国内外の建築家を10人覚えよう。

本書は建築を早く好きになりたい人のための『でる単』を目指している。大学受験で多くの人がお世話になったであろう『試験にでる英単語』だ。

バイブル！

従来
アルファベット順
a.b.c.d.e
…x.y.z

でる単
出題頻度の高い順

早道！

1) intellect
[íntilekt]

1967年、都立日比谷高校の英語教師だった森一郎氏が生み出したこの参考書は、従来、アルファベット順に並んでいるのが普通だった重要単語を「出題頻度の高い順」に掲載。合格への早道を示して大ヒットした。

最初の単語が intellect＝知性なのはなかなかのメッセージ性。

建築を自ら楽しめるようになるための早道を教えたい——。

〈グーグル検索でのヒット数〉
（2023年春調べ）

1	青木 淳	691万件
2	坂 茂	496万件
3	隈 研吾	437万件
4	安藤忠雄	300万件
5	石磯崎新	189万件
6	黒川紀章	68.8万件
7	丹下健三	63万件
8	坂倉準三	62.7万件
9	伊東豊雄	48.2万件
10	妹島和世	29.5万件

それなら、日常話題での登場頻度の高い建築家を覚えるのが早道だろうか。ぱっと頭に浮かんだ建築家の名前をGoogle検索したら、ヒット数はこんな順番だった。

※この10人の中での順位であり、建築家の総合ランキングではありません。

ニュースな

やはり現在活躍中の人や、最近ニュースになった人が上位となりやすい。この順で覚えていくと、最近の話題しか面白がれない。

建築家たち

ここは開き直って、筆者の個人的経験から「早いうちに覚えておいてよかった」と思う人を選ぶしかなさそうだ。

独断で選定。建築を楽しむための最重要建築家はこの10人。

ル・コルビュジエ

フランス

1887 -1965

モダニズム建築を切り拓き、日本の建築界にも大きな影響を与えた。

チェコ

アメリカ ← 来日

フランク・ロイド・ライト

アントニン・レーモンド

元所員

1888 -1976

1919年に来日し、日本のモダニズム建築をけん引。多くの建築家を育てた。

海外

憧れ

元所員

前川國男

坂倉準三

吉阪隆正

元所員

黎明期

村野藤吾
とうご
1891-1984

憧れ？

モダニズムの動きとはやや距離を置き、独自の装飾的建築を追求した孤高の建築家。

丹下健三
1913-2005

日本のモダニズム建築のレベルの高さを世界に示し、国内外で活躍。

菊竹清訓
きよ　のり
1928-2011

「メタボリズム」を先導するなど、理論と実作の両面で世界に発信。

林昌二（日建設計）
1928-2011

集団で設計する「組織設計」の存在を世に知らしめた組織内スターの先駆け。

元所員

磯崎 新 1931-2022

実作に加え、"知"の領域で世界の建築家に影響を与えた。門下生も多数輩出。

元所員

伊東豊雄 1941-

思考も作風も「変わり続けること」を是とする。「軽い建築」の先駆者の一人。

憧れ

爆発期

安藤忠雄 1941-

ル・コルビュジエに憧れ、独学で建築を学ぶ。ぶれずにモダニズムを追求。

隈研吾 1954-

この10人は九九を覚えるようにして名前を記憶したい。

「負ける建築」を宣言し、建築側の理屈を押し付けない態度で大衆にアピール。

次回からは、上の10人がなぜ重要なのかを説明していく。

13

何はさておき「世界のタンゲ」

[ポイント]

・丹下健三は戦災からの復興を自身が世界に羽ばたくチャンスとした。

・世界的な流れになったモダニズム建築に「日本の伝統」をからめた。

丹下健三はどうすごいのか。一つには戦後復興を象徴する国家的建築を二つ手がけ、どちらも傑作と評価されたこと。

出発点は1955年に開館した「広島平和記念資料館」
（躯体の竣工は1952年）。広場にふわっと舞い降りたようなピロティ※建築。

※ピロティ：柱を残して半屋外とした1階部分

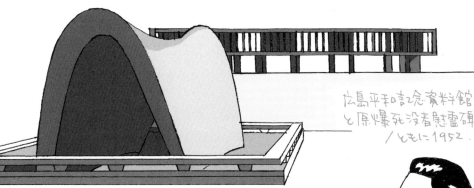

広島平和記念資料館と原爆死没者慰霊碑／ともに1952.

丹下は1913年に生まれ、愛媛県今治市で育ち、旧制広島高校に進学。戦時中は東京帝国大学にいたが、両親は原爆投下の前後に相次いで亡くなった。

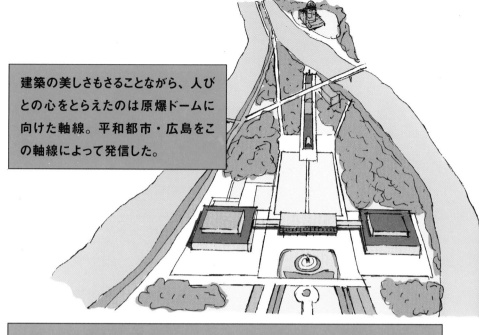

建築の美しさもさることながら、人びとの心をとらえたのは原爆ドームに向けた軸線。平和都市・広島をこの軸線によって発信した。

もう一つの"復興の象徴"は、1964年に完成した「国立代々木競技場」。

第二体育館

東京五輪の水泳競技場（第一体育館）とバスケットボール競技場（第二体育館）だ。

第一体育館

国立代々木競技場 / 1964 / 東京

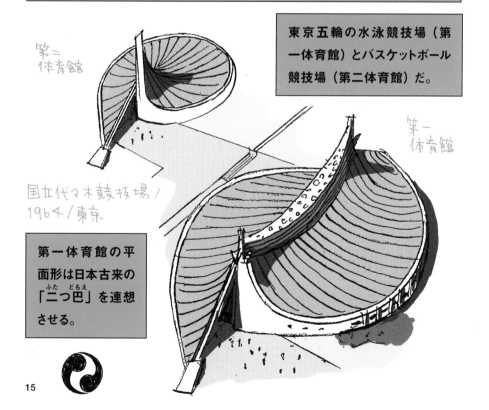

第一体育館の平面形は日本古来の「二つ巴（ふたどもえ）」を連想させる。

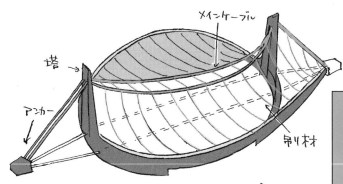

メインケーブル

塔

アンカー

吊り材

第一体育館は、建築としては世界初の"二重の吊り構造"を実現。

吊り橋に近い構造。

これは、丹下が建築の道に進むきっかけとなったル・コルビュジエの「ソヴィエト・パレス案」（実現せず）へのオマージュと見ることもできる。

ソヴィエト・パレス案 / 1932（実現せず）/ 設計：ル・コルビュジエ

This is Modernism!!

丹下はモダニズム建築の魅力を、復興期の日本国民にわかりやすく示すとともに、自分が日本における先導者であることを国外に印象づけた。

丹下の名前が世界に
知れ渡ったのは、そ
のデザインが"日本の
伝統"を巧みにからま
せたものであったこと
が大きい。

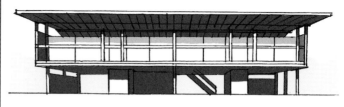

丹下邸
/1953/
東京・成城
（現存せず）

倉吉市庁舎/1956
/鳥取県倉吉市

設計は岸田日出刀
を共同

香川県庁舎/1958
/香川県高松市

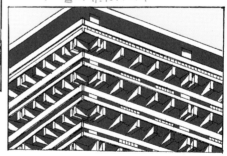

東京都新庁舎
/1991/新宿

そして晩年まで設計を続け、多くの弟子を輩出し
た。東京都新庁舎の完成時は77歳。ケンゾー・
タンゲなくして今の日本建築界はなかったといって
も過言ではない。

ル・コルビュジエが「神」とあがめられる理由

[ポイント]

・ル・コルビュジエは、世界でバズるフレーズを生み出す天才だった。

・日本人の弟子たちが帰国後に活躍したため、特に日本では評価が高い。

丹下健三とセットで覚えてほしい建築家がル・コルビュジエだ。この2人がわかると、あなたの頭の中にモダニズムの"幹"ができる。

Le Corbusier 1887 -1965

1887年、スイスで時計職人の子として生まれる。本名はシャルル・エドゥアール・ジャンヌレ。地元の美術学校在学中に建築の才能を見出され、↗

1908年にパリに移り、いくつかの建築事務所で修行。画家として活動しながら、1922年、35歳のときに、いとこ※と建築事務所を設立。

※いとこ：ピエール・ジャンヌレ。
（1896－1967）

Mr.　Modernism

コルビュジエは今でいうインフルエンサーだった。

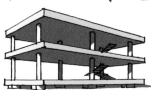

バズリワード①
「ドミノ・システム」

床・柱・階段が建築の重要な要素であるという考え方。1914年に提唱。組積造からの転換を促す。

ふふ、バズリそう

27歳

ドミノの板を浮かせて重ねたイメージ

バズリワード②
「住宅は住むための機械である」

1923年の著書『建築をめざして』の中の言葉。賛否両論を巻き起こす。炎上ねらい？

バズリワード③「輝く都市」

人口増加で環境が悪化する都市を批判し、1930年に提唱した理想都市。

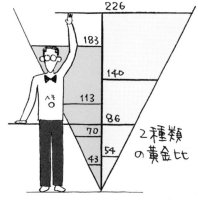

226
183
140
113
86
70
54
43

ヘそ

2種類の黄金比

バズリワード④　"Modulor"
「モデュロール」

第二次世界大戦中に考案した建築の基準となる寸法のルール。人体の寸法と黄金比を組み合わせた。module（寸法）とsection d'or（黄金比）の造語。

そして、コルビュジエ最大のバズりワードは「近代建築五原則」だろう。

"Les 5 points d'une architecture nouvelle"

「近代建築五原則」

全部・覚えよう！

1. ピロティ   2. 自由な平面   3. 自由な立面
4. 水平連続窓   5. 屋上庭園

1927年に発表された、近代建築（モダニズム）にとって最も重要な5つの要素。ドミノ・システムによる「自由な平面」からの発展形。「クック邸」（1926年）で初めて5要素が実現し、「サヴォワ邸」（1931年）で明確に表現された。

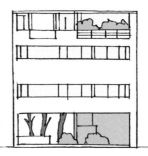

クック邸 / 1926
/ フランス・パリ

サヴォワ邸 / 1931
/ フランス・ポワシー

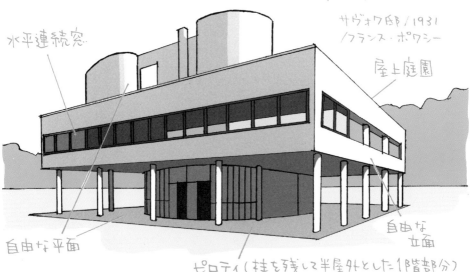

水平連続窓

屋上庭園

自由な平面

自由な立面

ピロティ（柱を残して半屋外とした1階部分）

そうした思想を広めるため、1928年、近代建築国際会議「CIAM」の結成を後押し※。後述するヴァルター・グロピウスやミース・ファン・デル・ローエも参加した。

CIAM

Congrés International
d'Architecture
1928 - 1959 (全11回)

※事務局長を務めたのは建築史家のジークフリート・ギーディオン（スイス）。

コルビュジエは思想や実作に加えて、「人」を育てた。日本からは前川國男、坂倉準三、吉阪隆正らがコルビュジエのアトリエで働き、この3人は帰国後に大活躍。

コルビュジエの年齢↓		在籍者
1928 〜 1930	41歳 〜 43歳	前川國男 (23〜25歳)
1931 〜 1936	44歳 〜 49歳	坂倉準三 (30〜35歳)
〜〜〜〜〜		(第二次大戦)
1950 〜 1952	63歳 〜 65歳	吉阪隆正 (33〜35歳)

前川國男
1905-1986

日本人初!

1928年、東京帝国大学卒業とともに渡仏し、コルビュジエの門を叩く。

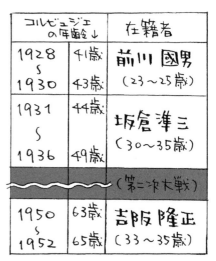

東京文化会館/1961/上野

帰国後の代表作→ (以下.同)

坂倉準三
1901-1969

最も長く在籍。

前川國男と入れ代わりでコルビュジエのアトリエに入所。5年間在籍。

吉阪隆正
1917-1980

戦後の転換期に在籍。

1950年渡仏。コルビュジエが自由な造形に転じた頃に薫陶を受ける。

神奈川県立近代美術館/1951/鎌倉市

大学セミナー・ハウス/1965/東京・八王子市

3人は、コルビュジエから大きな影響を受けながらも、帰国後は異なる方向にデザインを発展させた。

そして、それぞれが多くの弟子を育てた。その結果、日本の建築界でコルビュジエは「神」とあがめられるようになった。

コンドルより先に覚えたいレーモンド

[ポイント]

・海外から来日した建築家でまず覚えるべきは、アントニン・レーモンドだ。

・現在に与えた影響は、お雇い外国人のコンドルよりはるかに大きい。

建築の世界では、師弟関係によって作風や創作姿勢が受け継がれる傾向がある。それはしばしば「スクール」と呼ばれる。

“建築家スクール”

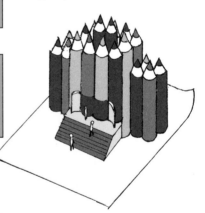

日本で最初の建築家スクールは、お雇い外国人、ジョサイア・コンドルによる“コンドル・スクール”だ。

Josiah Conder
1852 - 1920

鹿鳴館 / 1883
/ 東京（現在せず）

ロンドンで生まれ、ロンドン大学などで建築を学ぶ。1877年、25歳のときに来日。工部大学校（現・東京大学工学部）の造家学教師となる。「鹿鳴館」など、設計でも活躍。

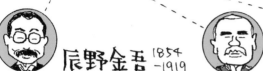

コンドル・スクール

J.コンドル

佐立七次郎
1857-1922

曽禰達蔵 1853
-1937

辰野金吾 1854
-1919

片山東熊 1854
-1917

> コンドルの下からは、辰野金吾を筆頭に、明治期の建築の近代化をけん引する"建築家第一世代"が巣立った。

> コンドルの後を継ぎ、工部大学校の教師に。

> 宮内省に入り、宮廷建築を数多く設計。

> しかし、現代建築への広がりを考えるならば、まず覚えるべきは"レーモンド・スクール"だろう。チェコ出身のアントニン・レーモンドだ。

Antonin
Raymond
1888-1976

Noémi
Raymond
1889-1980

> プラハの大学を卒業後、米国に渡り、フランク・ロイド・ライトの事務所などで働く。1919年、帝国ホテルの設計のために来日。完成後も日本にとどまって活動した。

> 米国時代に結婚したノエミ・レーモンドは、アントニンの下で長年にわたりインテリアや家具デザインを担当。

レーモンドはコンドルと違い、学校で教えてはいない。レーモンド・スクールはレーモンドが主宰する設計事務所であり、オンザジョブの実践教育だった。

← レーモンド

レーモンド・スクールの存在の大きさは、このスナップ写真1枚を見るだけでもわかる。

ジョージ・ナカシマ
1905-1990

米国で育ち、日本でレーモンドに師事したあと、再び米国に戻って活動。

前川國男
1905-1986 →P.21

パリでル・コルビュジエに学び、レーモンド事務所を経て独立。

吉村順三
1908-1997 →P.27

レーモンド仕込みのモダニズムと日本の伝統建築の融合を図る。

人を育てる一方、実作では、鉄筋コンクリート造（P.40）の可能性をいち早く示した。

戦前にこのモダンさ！

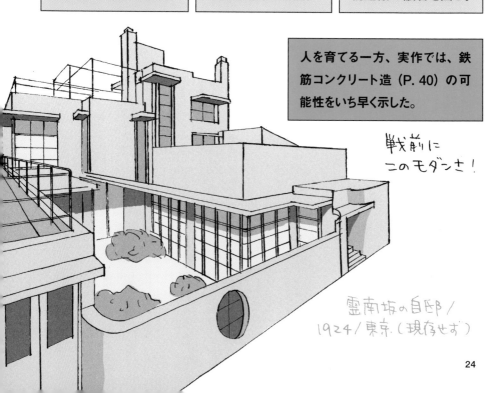

霊南坂の自邸／1924／東京（現存せず）

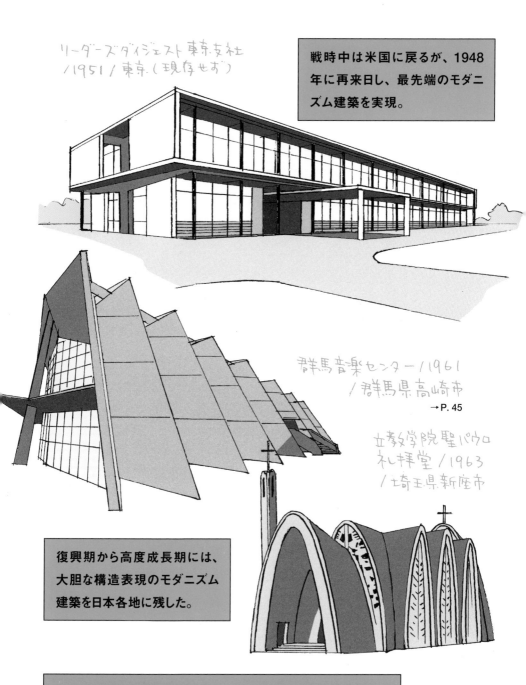

リーダーズダイジェスト東京支社
/1951/東京（現存せず）

戦時中は米国に戻るが、1948年に再来日し、最先端のモダニズム建築を実現。

群馬音楽センター/1961
/群馬県高崎市
→ P. 45

立教学院聖パウロ
礼拝堂/1963
/埼玉県新座市

復興期から高度成長期には、大胆な構造表現のモダニズム建築を日本各地に残した。

日本の現代建築家に最も影響を与えた外国人建築家は誰か？
そう聞かれたら、アントニン・レーモンドを真っ先にあげたい。

"建築家スクール"を10覚えればほぼわかる

[ポイント]

・建築家の師弟関係は、作風や創作姿勢に大きな影響を及ぼす。

・建築界全体に影響が広がる10の"建築家スクール"を覚えよう。

"建築家スクール"について、前の講義でレーモンド・スクールを覚えた。それ以外に覚えたいスクールが九つある。これらの師弟関係を覚えておけば、たいていの話についていけるようになる。

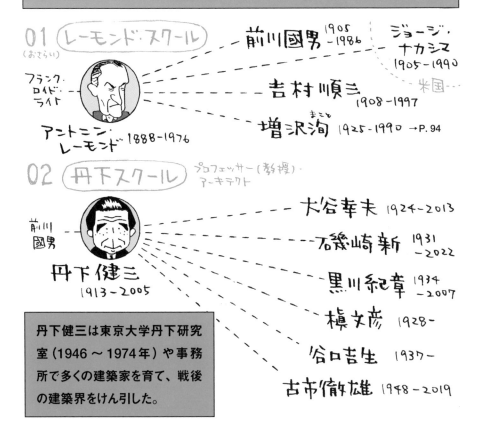

01 （レーモンド・スクール）
（おさらい）

フランク・ロイド・ライト

アントニン・レーモンド 1888-1976

前川國男 1905-1986

ジョージ・ナカシマ 1905-1990 米国

吉村順三 1908-1997

増沢洵（まこと） 1925-1990 →P.94

02 （丹下スクール） プロフェッサー（教授）・アーキテクト

前川國男

丹下健三 1913-2005

大谷幸夫 1924-2013

石磯崎新 1931-2022

黒川紀章 1934-2007

槇文彦 1928-

谷口吉生 1937-

古市徹雄 1948-2019

丹下健三は東京大学丹下研究室（1946～1974年）や事務所で多くの建築家を育て、戦後の建築界をけん引した。

03 吉村スクール

プロフェッサー・アーキテクト

レーモンド

奥村昭雄 1928 -2012

宮脇 檀 (まゆみ) 1936 -1998

益子義弘 1940-

堀部安嗣 1967-

吉村順三 1908-1997

吉村順三は東京藝術大学などで後進を育成。特に個人住宅の質を高める。

04 吉阪スクール

プロフェッサー・アーキテクト

コルビュジエー

渡邊洋治 1923 -1983

鈴木恂 (まこと) 1935-

樋口裕康 1939-

富田玲子 1938-

吉阪 隆正 (よしざか) 1917-1980

吉阪隆正は早稲田大学の研究室を拠点として、師・コルビュジエ譲りの自由な造形を伝える。

内藤廣 1950-

05 菊竹スクール

村野藤吾

内井昭蔵 1933 -2002

長谷川逸子 1941-

仙田満 1941-

伊東豊雄 1941-

富永讓 1943-

大江匡 (ただまさ) 1954-2020

菊竹清訓 (きよのり) 1928-2011

菊竹清訓は大学で教えず、事務所で後進を育成。弟子たちは戦後の建築界で大きなウエートを占める。

06 (清家スクール) プロフェッサー・アーキテクト

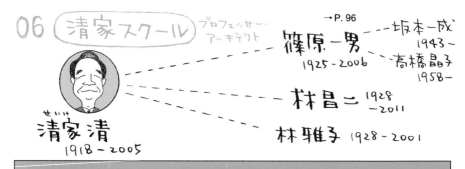

→P.96

篠原一男 ----- 坂本一成
1925-2006   1943-
        ----- 高橋晶子
                 1958-

----- 林昌二 1928-2011

----- 林雅子 (1928-2001)

清家清
1918-2005

清家清は東京工業大学で後進を育成。米国のミース・ファン・デル・ローエに影響を受けたミニマムの美が教え子にも伝わる。

07 (磯崎スクール)

丹下健三

石幾崎新
1931-2022

----- 六角鬼丈 1941-2019

----- 渡辺真理 1950-

----- 渡辺誠 1952-

----- 坂茂 1957-

丹下健三の下から独立した磯崎新は特定の大学では教えず、事務所で後進を育成。

08 (伊東スクール)

菊竹清訓

伊東豊雄
1941-

妹島和世 ----- 西沢立衛
1956-   1966-
        ----- 石上純也
                 1974-

----- アストリッド・クライン
                 1962-
----- マーク・ダイサム
                 1964-

----- 曽我部昌史
                 1962-

----- 平田晃久 1971-

----- 中山英之 1972-

菊竹清訓の下から独立した伊東豊雄も事務所で後進を育成。その一人、妹島和世もスクールを形成しつつある。

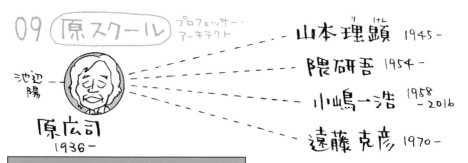

09 原スクール プロフェッサー・アーキテクト

池辺陽 — 原広司 1936-

- 山本理顕 1945-
- 隈研吾 1954-
- 小嶋一浩 1958-2016
- 遠藤克彦 1970-

東京大学で池辺陽に学んだ原広司は、「集落調査」などを通して後進を育成。

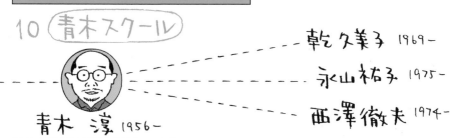

10 青木スクール

青木 淳 1956-

- 乾久美子 1969-
- 永山祐子 1975-
- 西澤徹夫 1974-

磯崎新が育てた青木淳の下からも建築家が巣立つ。レーモンド➡前川國男➡丹下健三➡磯崎新➡青木淳という流れを中心に据えると建築界の師弟関係が覚えやすい。

・—・— さらに覚えたい構造家スクール ・—・—・

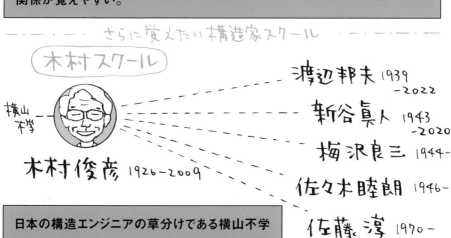

木村スクール

横山不学 — 木村俊彦 1926-2009

- 渡辺邦夫 1939-2022
- 新谷眞人 1943-2020
- 梅沢良三 1944-
- 佐々木睦朗 1946-
- 佐藤淳 1970-

日本の構造エンジニアの草分けである横山不学の下から独立した木村俊彦は、戦後のモダニズムをけん引するとともに、多くの構造家を育てた。

講義 6

無所属派の爆発力が新風を吹き込む

[ポイント]

・スクールに属さない無所属派の代表格は、元ボクサーの安藤忠雄だ。

・独学のヴォーリズや白井晟一など、無所属派が新風を吹き込んできた。

"建築家スクール"を知ると、建築界の勢力図がわかりやすくなるが、一方で「排他的な世界だな」という負の感情が湧いてくるかもしれない。だが、安心してほしい。日本の建築界は常に"無所属の新星"によって活性化されてきた。

その代表格が安藤忠雄だ。

安藤忠雄
1941-

"闘う建築家"

Young ANDO

"独学"

大阪で生まれ、木造の長屋で育つ。17歳でプロボクサーとしてデビューするが、同世代のファイティング原田を見て、プロボクサーの道を断念。

子どもの頃から絵が得意で、中学生のとき、育った長屋の建て替えを見て建築に興味を持つ。ボクシングを断念したあと、独学で建築を学ぶ。

10代の終わりに古本屋で出会ったル・コルビュジエの作品集をひたすらトレース。「コルビュジエに会いたい」という思いが高まり、1965年、24歳のときヨーロッパに旅立つ。

横浜からナホトカ（ロシア）行きの船に乗り、シベリア鉄道でモスクワへ。フィンランドでアルヴァ・アアルトなどの建築を見たあと、パリでコルビュジエの建築を見て回る。その後、スペインやイタリアへ。

特にローマで見たパンテオンは、のちの安藤に影響を与えた。

安藤が初めてパリの地を踏む直前の1965年8月、コルビュジエは77歳で亡くなった。安藤は憧れのコルビュジエに会うことはできなかった。

◀光の教会/1989/茨木市

もちろん安藤のデザインにコルビュジエの影響は見て取れる。だが、コルビュジエに完全に染まらなかったことで、安藤らしさが生まれたともいえる。

無所属派の元祖は、安藤と同じく関西を拠点に活動したウイリアム・メレル・ヴォーリズだろう。

1905年に英語教師として来日し、キリスト教伝道の傍ら、建築家として活動。建築の知識は独学だ。

日本基督教団大阪教会/
1922/大阪

"元祖・
無所属"
ウイリアム・
メレル・
ヴォーリズ
1880-1964

安藤やヴォーリズのほかにも、無所属派の建築家はこんなにいる。

村野藤吾 1891-1984

早稲田大学電気工学科に入学したが、2年後に建築学科に転部。スウェーデンのアスプルンドなどに影響を受ける。

カトリック宝塚教会/1965/兵庫県宝塚市

渋谷区立松濤美術館/1980/東京

白井晟一 1905-1983

日本で図案（グラフィックデザイン）を学んだあと、ドイツで美術史や哲学を学ぶ。帰国後、住宅の設計を重ね、建築家に。

隈 研吾 1954-

大学では原広司に学ぶも、組織設計事務所（日本設計）に就職。建設会社（戸田建設）を経て独立。独自路線を拓く。

サニーヒルズ南青山/2013/東京.

エストニア国立博物館/2016/設計：ドレル・ゴットメ・田根アーキテクツ

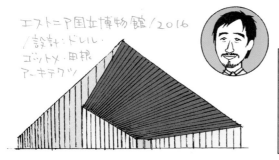

田根 剛 1979-

高校まではサッカー選手を目指していたが、大学から建築の道へ。単身ヨーロッパに渡り、コンペで頭角を現す。

隈研吾の略歴に「組織設計事務所」と書いた。これについて次回説明する。

「大組織」を知らずに都市は語れない

[ポイント]

・明治期の第一世代の建築家も、一匹狼タイプではなく、組織志向だった。

・組織設計事務所を知るうえでのキーマンは、日建設計の林昌二だ。

日本の建築家第一世代は、ジョサイア・コンドルが育てた辰野金吾、片山東熊、曽禰達蔵、佐立七次郎の4人だと書いた。では、日本の設計事務所第1号は何かわかるだろうか。

答えは、辰野金吾が1886年に設立した辰野金吾建築事務所だ。これはコンドルの事務所設立より2年早い。

辰野金吾
1854
－1919

設計には
組織が
必要じゃ。

辰野金吾という人はビジネス感覚の優れた人で、1902年に東京帝国大学を退任すると、1903年に葛西萬司と辰野葛西建築事務所を、1905年に片岡安と辰野片岡建築事務所を設立する。

東の
相棒

西の
相棒

葛西萬司
1863－1942

片岡安
1876－1946

東京帝国大学で辰野に学び、日本銀行を経て辰野と起業。

葛西と同様、東京帝大で辰野に学び、日銀を経て辰野と起業。

▼東京駅丸の内駅舎(中央停車場)/1914/設計:辰野葛西建築事務所

辰野葛西建築事務所は東京駅丸の内駅舎など東日本の建築を、辰野片岡建築事務所は西日本の建築を設計した。辰野は設計における「組織」の重要性を早くから認識していた。

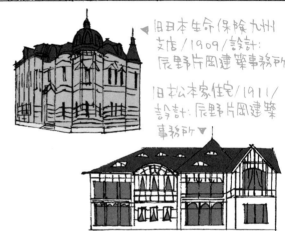

▼旧日本生命保険九州支店/1909/設計:辰野片岡建築事務所

旧松本家住宅/1911/設計:辰野片岡建築事務所▼

一方、辰野の同級生の曽禰達蔵は、コンドルが顧問を務める三菱社に入社。設計部門拡大の礎を築く。

曽禰達蔵
そね
1853～1937

1879
工部大学校 → 三菱社 → 曽禰・中條建築事務所
卒業   1890   1906

通称"一丁倫敦"
いっちょうろんどん

三菱社の設計部門は、「丸ノ内建築所」「三菱地所・設計監理部門」を経て現在の「三菱地所設計」となった。今は約700人を擁する国内有数の"組織設計事務所"だ。

▲三菱第十号館/1896(現存せず)/設計:曽禰達蔵(三菱)

三菱社が、丸の内の開発に力を入れている頃、大阪では住友家が野口孫市（辰野金吾の教え子）を迎え入れ、「住友本店臨時建築部」を立ち上げた。これが日本最大の設計事務所「日建設計」の源流となる。

野口孫市
まごいち
1869-1915

大阪図書館 /1904/
設計：野口孫市（住友本店
臨時建築部）

東京帝国大学卒業後、通信省を経て住友本店に。住友家が寄贈した「大阪図書館（大阪府立中之島図書館）」の設計で評価を高める。

住友本店臨時建築部は曲折を経て、1950年に「日建設計工務」、1970年に「日建設計」となる。戦後をけん引したのは林昌二だ。

林昌二
1928-2011

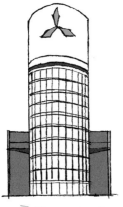

三愛ドリームセンター
/1963/設計：
日建設計工務
※2023年解体

パレスサイド・ビルディング
/1966/設計：日建設計工務

林昌二 三部作

中野サンプラザ
/1973/設計：
日建設計
※2023年閉館

林は先端技術を駆使した大型建築を次々と実現。"組織設計事務所"の存在意義を社会に示した。

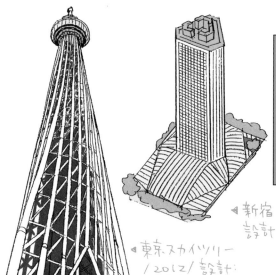

日建設計は林の後も、日本一高い「東京スカイツリー」や超高層ビルの増改築である「新宿住友ビル三角広場」など、組織設計事務所ならではのプロジェクトを実現している。

◁新宿住友ビル三角広場/2020/
設計：日建設計＋大成建設

◁東京スカイツリー
/2012/ 設計：
日建設計

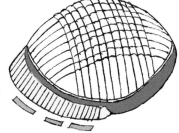

東京ドーム/1988/
設計：日建設計
＋竹中工務店

日本の建築界では、施工会社の設計部門の存在感も大きい。なかでも設計力の評価が高いのは竹中工務店だ。1610年創業。宮大工の「棟梁精神」を今も掲げる。

たとえば
あべのハルカス。

あべのハルカス
/2014/大阪/
設計：竹中工務店

「東京ドーム」のように、日建設計と竹中工務店が共同で設計したものもある。

日本では、都市の大型建築は両社のような大組織が設計していると考えるのが自然。建築を真に楽しみたいなら、大組織は無視できない存在だ。

けんちくのかきかた 1
基本は「消失点を左右に二つ」

箸休めのコラムに何を書こうかと考えた末、「建築の描き方講座」にした。本書の趣旨にのっとり、「これを知ってたらもっと早くうまく描けたのに」と思ったこと（自己流）をお教えする。それは、とにもかくにも「消失点」。

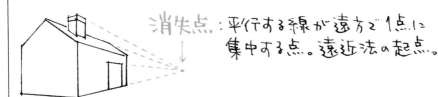

消失点：平行する線が遠方で1点に集中する点。遠近法の起点。

例えば、なんとなく描いたサヴォワ邸はこんな絵になるが……

✕

どこかウソっぽい（描いていて気持ち悪い…）

消失点を左右に2カ所決めて、それを意識しながら描くと、グッとリアリティーが増す。

→P.20

○

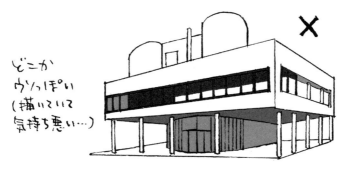

消失点1

消失点2

DAY 2

どうつくるのか？［技術とデザイン］

講義の2日目は、「建てる」方法について。建築とアート作品の最大の違いは、大きさだろう。巨大な作品をどうやってつくるのか。どんな表現にすれば、つくり方が伝わるか。建築では「技術」が「デザイン」と密接にからむ。建築家たちがその実現のために考えたことを想像できるようになると、納得感は10倍増す。

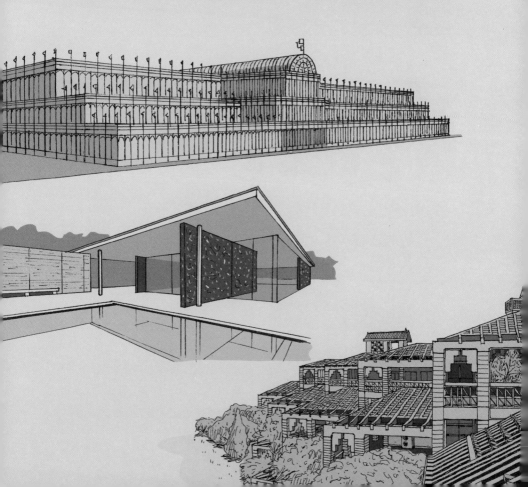

鉄筋コンクリート（RC）造、大ブレイクの理由

[ポイント]

・コンクリートは中に「鉄筋」を入れることで爆発的に普及した。

・レンガ積みなど組積造ではつくれなかった「横長の窓」が可能に。

20世紀の建築の大変革は、鉄と鉄筋コンクリートによってもたらされたと言ってよいだろう。まず覚えたいのは鉄筋コンクリート。「RC」とも呼ぶ。

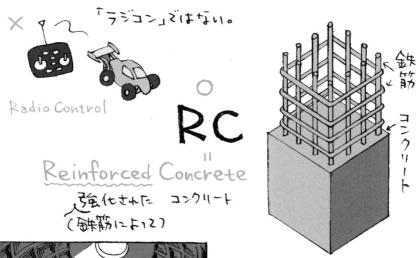

× 「ラジコン」ではない。

Radio Control

○

RC
＝
Reinforced Concrete
強化された　コンクリート
（鉄筋によって）

鉄筋

コンクリート

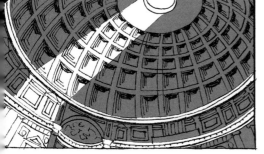

コンクリートは、ローマのパンテオン（128年）の頃から使われていたが、19世紀のフランスで「鉄筋を入れて強度を高める」手法が開発され、大ブレイク。

鉄筋コンクリート造の建築の可能性を世に知らしめたのは、
フランスの建築家、オーギュスト・ペレ。

Auguste Perret
1874〜1954年

「コンクリート建築の父」
とも呼ばれる。

最初期のRC造建築 →

1903

フランクリン通り
の集合住宅 /
フランス・パリ

1923
◄ ル・ランシーの
ノートルダム教会 /
フランス・ル・ランシー

世界に衝撃を与えた
↓「コンクリート打ち放し」

その新しさを世界にわかりやすく発信したのはル・コルビュジエ。
19ページでも触れたバズり・ワード、「ドミノ・システム」だ。

よし、バズった。

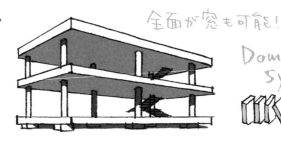

全面が窓も可能！

Domino
System
1914

vs.

組積造
（石積みやレンが積み）

壁が命！

木造になじんでいる日本人
には「そんなの当たり前」
とも思えるが、組積造が
普通だった西洋の建築家
にとっては、コペルニクス
的な大転換だった。

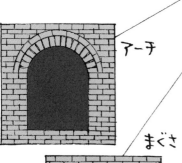

アーチ

まぐさ

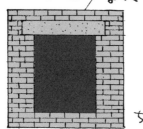

石やレンガを積み上げた組積造では、
アーチやまぐさ（石などを水平に架け渡し
たもの）を使わないと窓がつくれない。横
長の窓は不可能だった。

ちなみに「まぐさ」は、馬草ではなく、楣。

ところで、2000年前からあったコンクリートがなぜ鉄筋を入れたことで爆発的に普及したのか。

それは鉄筋とコンクリートが"奇跡の組み合わせ"だったからだ。

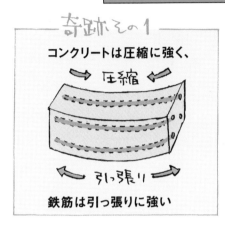

奇跡 その1

コンクリートは圧縮に強く、

圧縮

引っ張り

鉄筋は引っ張りに強い

奇跡 その2

アルカリ性のセメントが

セメント

アルカリ性
↓ 守る

鉄筋のさびを防ぐ

奇跡 その3

コンクリートの熱膨張率は

約 1×10^{-5}/℃

鉄筋とほぼ同じ

1mのコンクリートに10℃
の温度変化があると
0.1mm伸縮。

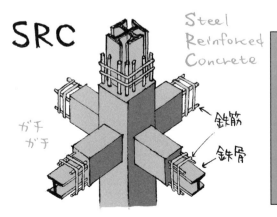

SRC

Steel
Reinforced
Concrete

ガチ
ガチ

鉄筋

鉄骨

この組み合わせを生かした「鉄骨鉄筋コンクリート（SRC）造」も開発され、高層建築などに用いられている。S（鉄骨）造、SRC造、RC造は頻出ワードなので覚えておこう。

「折板」と「HPシェル」はRC表現の花形

[ポイント]

・鉄筋コンクリート造は従来にないダイナミックな造形を可能にした。

・戦後復興期には「折板構造」と「HPシェル」を用いた傑作が多い。

鉄筋コンクリート（RC）造にはさまざまなバリエーションがある。

構造の教科書で最初に習うのはこの三つ。

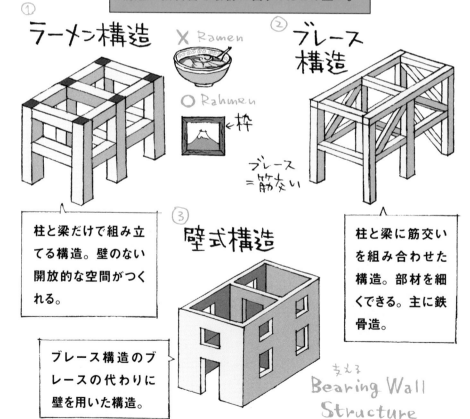

① ラーメン構造

X Ramen

O Rahmen

←枠

② ブレース構造

ブレース＝筋交い

③ 壁式構造

柱と梁だけで組み立てる構造。壁のない開放的な空間がつくれる。

柱と梁に筋交いを組み合わせた構造。部材を細くできる。主に鉄骨造。

ブレース構造のブレースの代わりに壁を用いた構造。

ささえる
Bearing Wall Structure

しかし、「建築を面白がる」という本書の目的からいくと、それより先に覚えるべきは「折板構造」と「シェル構造」だろう。

まずは"ザ・折板構造"のこの建築。

群馬音楽センター/1961
/群馬県高崎市
/設計：アントニン・レーモンド

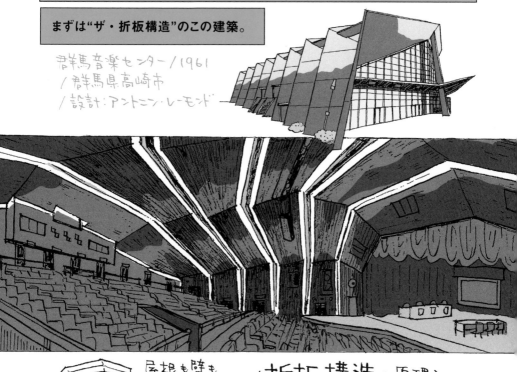

屋根も壁も折板！

〈折板構造の原理〉

ヘニャ

ピンッ

「折板」（せっぱんorせつばん）は、板を折り曲げることで強くしたもの。部材を薄くできるため、戦後復興期に脚光を浴びる。

海のギャラリー/1966/
高知県土佐清水市/設計：林雅子

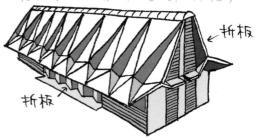

←折板

折板

もう一つの「シェル構造」は「Shell＝貝殻」の名の通り、薄い曲面の板を用いた構造。板を曲面にすることで力が分散され、強くなる。

見るからに「貝殻」っぽい。これもシェル構造。

シドニー・オペラハウス /1973/
設計：ヨーン・ウツツォンほか

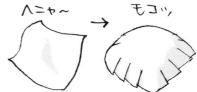

〈シェル構造の原理〉

ヘニャ〜　→　モコッ

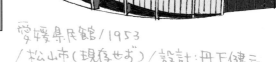

シェル構造も折板構造と同様、部材を薄くできるため、戦後復興期に人気となった。

愛媛県民館 /1953
/松山市（現存せず）/設計：丹下健三

シェルの中でも、建築家たちに特に好まれたのが「HPシェル」。「HP（双曲放物面）」は、板を直交する2方向にひねった形だ。

HPシェル＝Hyperbolic Paraboloidal Shell
双曲線の　放物面状の　貝殻

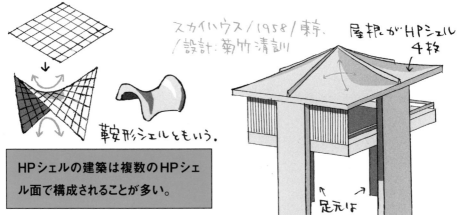

スカイハウス /1958/ 東京.
/設計：菊竹清訓

屋根がHPシェル4枚

鞍形シェルともいう.

HPシェルの建築は複数のHPシェル面で構成されることが多い。

足元は壁式構造

折板構造とシェル構造、あるいはHPシェルを知っていると、戦後復興期〜高度成長期の大空間建築がより楽しめる。

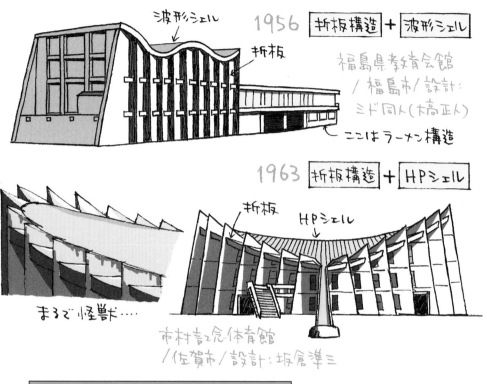

波形シェル

1956　折板構造 ＋ 波形シェル

折板

福島県教育会館
／福島市／設計：
ミド同人（大高正人）

ここはラーメン構造

1963　折板構造 ＋ HPシェル

折板　　HPシェル

まるで怪獣……

市村記念体育館
／佐賀市／設計：坂倉準三

一見そうは見えないこの建築もHPシェル！

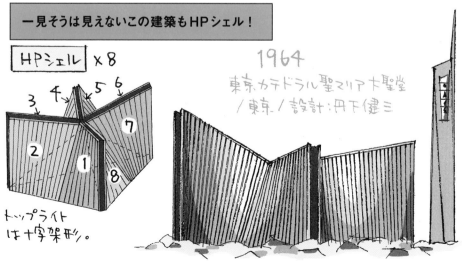

HPシェル ×8

1964
東京カテドラル聖マリア大聖堂
／東京／設計：丹下健三

トップライトは十字架形。

鉄骨（S）造はスケスケ感で世界を魅了

[ポイント]

・ロンドン万博の「クリスタル・パレス」は鉄骨造のスケスケ感を世界に発信した。

・戦後はミース・ファン・デル・ローエがスケスケ感を超高層にまで展開。

鉄筋コンクリート（RC）造に比べて鉄骨（S）造の始まりが話題になることは
少ない。なるとすれば、この建築からだろう。

クリスタル・パレス（水晶宮）/1851（現存せず）
/ロンドン/設計：ジョセフ・パクストン

1851

1851年、ロンドンで開かれた第1
回万国博覧会のために建てられた
「クリスタル・パレス（水晶宮）」。

鉄とガラスでできた幅約120m×
高さ約30m×長さ約560mの展
示館。鉄骨造建築の可能性を世
界に発信した。

ジョセフ・
パクストン 1803〜1865

これを実現したジョセフ・パクストンは確かにすごいが、鉄を建築に使ったのが初めてというわけではない。中世のゴシック建築でも、石と石をつなぐために鉄は使われていた。

パクストンの功績は、鉄を"メインの構造で"、かつ"外から見える形で"使ったことだろう。つまりスケスケ感。

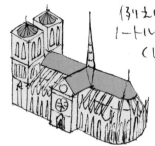

例えば、パリのノートルダム大聖堂（1345）でも、鉄は使われていた。

1889

鉄は
強くて繊細！

とはいえ、ロンドン万博後に鉄骨造が急速に広まったということはなく、次なる衝撃は38年後のパリ万博、エッフェル塔だ。

この後、鉄骨造は世界に広がり始め、日本でも初の本格鉄骨造、「旧三井本館」が1902年に完成する。

1832
−1923

ギュスターヴ・
エッフェル

1896年に着工し、完成まで6年。

旧三井本館 / 1902（現存せず）
/ 東京 / 設計：横河民輔

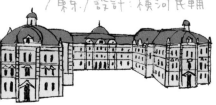

エッフェル塔
/ 1889 / パリ

鉄骨造は万博で進化を遂げる——。ここでようやく真打ち登場。1929年、バルセロナ万博でミース・ファン・デル・ローエがドイツ館「バルセロナ・パヴィリオン」を実現する。

バルセロナ・パヴィリオン／バルセロナ（復元）
／設計：ミース・ファン・デル・ローエ
1929

鉄とガラス、大理石の壁で構成した開放感の高い建築だ。

Mies van der Rohe
ミース・ファン・デル・ローエ 1886-1969
"近代建築の3大巨匠"の一人、とも。

翌1930年に完成した「トゥーゲントハット邸」では大きな開閉窓で内外を一体化。

1930 トゥーゲントハット邸
／チェコ

ガラス窓が
床下に引き
込まれる。

※近代建築の3大巨匠はル・コルビュジエ、ミース・ファン・デル・ローエ、フランク・ロイド・ライトの3人。ヴァルター・グロピウスを加えて4大巨匠と呼ぶことも。

ル・コルビュジエほど語らないミースの貴重な名言。

"Less is more."
より少ないことは、より豊かである。

戦後になると、ミースはラーメン構造を明快にしたスケスケ建築を次々と実現。

1951 ファンズワース邸 /米国・シカゴ

1968 新ナショナル・ギャラリー/ドイツ・ベルリン

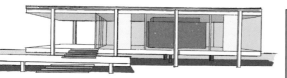

1951 レイクショア・ドライブ・アパートメント/米国・シカゴ

1958 シーグラムビル /米国・ニューヨーク

「レス・イズ・モア」の美学は超高層ビルへと展開していく。

ちなみに、ミースの建築を特徴づける「構造上の荷重を負担しない外壁」を「カーテンウォール」と呼ぶので覚えておこう。
世界初のカーテンウォールは前述の「クリスタル・パレス」とされる。

構造的にはカーテンと同じ。

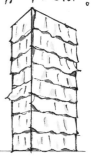

構造合理性に秘めた自己主張

[ポイント]

・「合理的」というモダニズムの大前提から「構造表現主義」が生まれた。

・本来の「つくりやすさ」から徐々に離れ、建築家の自己表現へと向かう。

「機能的」かつ「合理的」を大前提とするモダニズム建築。「機能的」については、ル・コルビュジエが「近代建築五原則」（1927年）でかなりの部分を言い尽くしてしまった。

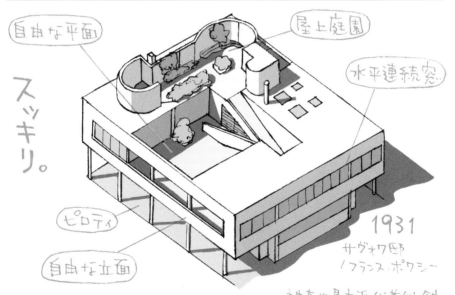

自由な平面

屋上庭園

水平連続窓

スッキリ。

ピロティ

自由な立面

1931
サヴォワ邸
/フランス・ポワシー

たとえば、これ。

神奈川県立近代美術館
/1951/鎌倉市/設計：
坂倉準三

「機能的」を目標にすると、どうしても似た印象のスッキリ建築になってしまう。

戦後、モダニズムの建築家の多くは、もう一方の「合理的」を深め始める。「合理的」→「少ない材料でつくれる」→「構造が形に表れている」という具合に解釈を広げていく。

日本でまず思い浮かぶのは丹下健三。丹下は初期から「構造を形に表す」資質があった。戦後間もないコンペで、リブ付きのシェル構造を提案。

1948 平和記念広島カトリック
聖堂コンペ案
（1等なしで実現せず） →P. 109

KENZO TANGE
1913 - 2005

1953
広島子供の家/広島市

1957
駿府会館/静岡市（いずれも現存せず）

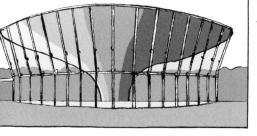

1950年代には、朝顔形のシェル構造やHPシェルを実現し、世界のモダニズム建築の最前線に追い付く。

ここで一つ言っておきたいのは、「構造を形
に表す」＝「安くつくれる」ではない、とい
うこと。それは飛行機の格納庫（コスト最
重視）と見比べればわかる。

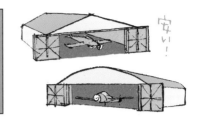

安い！

1957　　アーチ＋
　　　　ＨＰシェル

建築家が「合理的」と言うときには、
「見たこともない形をつくりたい」
が裏にある（口には出さなくとも）。
それがいわゆる"構造表現主義"だ。

登別温泉科学館／北海道
登別市／設計：太田実

1962

逆V字柱による
橋状の構造

江津市庁舎
／島根県江津市／
設計：吉阪隆正

なんだこれは！？

1966

放射状に架けた
門型鉄骨による
吊り構造

都城市民会館
／宮崎県都城市（現存せず）
／設計：菊竹清訓

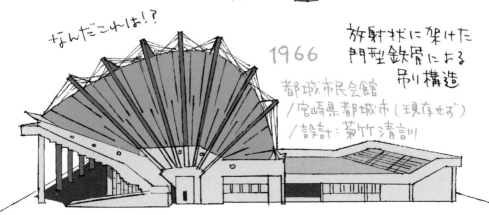

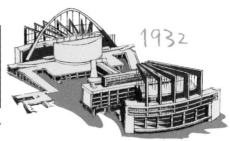

1932

1960年代には、"見たこともない形"の
憧れナンバー1は「吊り構造」だった。
文字通り「吊る」構造。

1958

憧れの原点 →

実例の
← 先駆け

▲ソヴィエト・パレス案
（実現せず）/設計：
ル・コルビュジエ

◀イェール大学・ホッケーリンク
/米国/設計：エーロ・
サーリネン

日本では丹下健三が「香川県
立体育館」や「国立代々木競
技場」で吊り構造を実現すると、
各地で吊り構造が誕生する。

香川県立体育館/高松市
/設計：丹下健三ほか

1964

1966

古川市民会館/
/宮城県大崎市/設計：武基雄

コシテリ。

1968

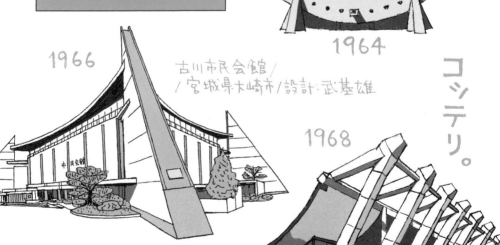

蒲郡市民体育館
/愛知県蒲郡市/
設計：石本建築事務所

本当に「合理的？」と疑いたくなるような大胆さが60年代らしい！

講義 12

「つくり方」をデザインに取り戻せ

[ポイント]

・「構造表現主義」が広がる一方で、「つくり方」にこだわる一派も。

・1960年代には「プレキャスト建築」が一大ムーブメントとなる。

戦後のモダニズム建築は構造表現主義的な方向に進んだ、と書いた。その流れから枝分かれしたのが、"つくり方のデザイン"だ。

源流になったのは、フランスのジャン・プルーヴェ。第二次世界大戦中に木質パネルを用いた組み立て式住宅を開発。

ジャン・プルーヴェ
1901-1984

自らつくる！

1942
F8×8Bcc組み立て式住宅／設計：ジャン・プルーヴェほか

プルーヴェの組み立て式住宅に影響を受け、日本の坂倉準三も組み立て式住宅を戦中から戦後にかけて試みる。

坂倉準三
1901-1969

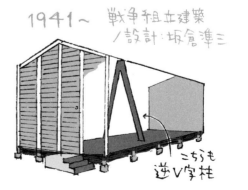

1941〜 戦争組立建築／設計：坂倉準三

こちらも逆V字柱

前川國男は終戦直後に組み立て式住宅「PREMOS」の開発に着手。これは実際に1000棟が建設された。

前川國男
1905〜1986

1945〜 プレモスク2型
／設計：前川國男

しかし高度成長期に入ると、著名な建築家たちは大きな建築をつくることに手一杯となり、関心は「つくり方」から「構造表現」に移っていく。

そんななかで、再び「つくり方」に脚光が当たる。鉄筋コンクリート造における「プレキャスト・プレストレストコンクリート（PCa・PC）工法」だ。

① プレキャスト（PCa）とは？

工場

あらかじめ工場で成型したコンクリート部材を「プレキャストコンクリート」と呼ぶ。現場での作業時間を短縮でき、精度も高い。

② プレストレストコンクリート（PC）とは？

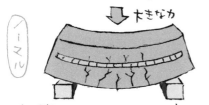

ノーマル

↓大きな力

鉄筋が入っていてもひび割れ。

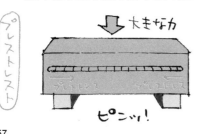

プレストレスト

↓大きな力

ピンッ！

あらかじめ内部に力を加えたコンクリート部材を「プレストレストコンクリート」と呼ぶ。鋼材を引っ張った状態で生コンを流し込んで固める。

前川國男は戦後いち早くプレキャスト建築に挑む。

1952

日本相互銀行
本店 / 東京※ /
設計：前川國男
※現存せず（以下同）

ここが
プレキャスト

1950年代末になるとプレストレストコンクリートの特許が切れ、使いやすくなる。
すると、60〜70年代にプレキャスト建築が急増。

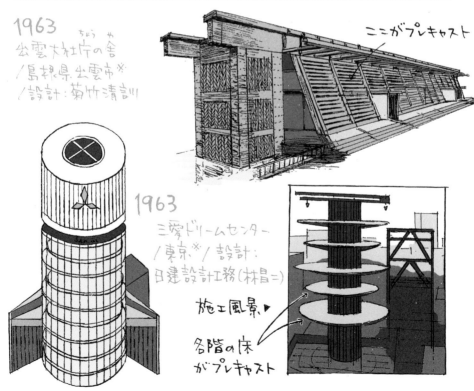

1963
出雲大社庁の舎
/ 島根県出雲市※
/ 設計：菊竹清訓

ここがプレキャスト

1963
三菱ドリームセンター
/ 東京※ / 設計：
日建設計工務（林昌二）

施工風景▶

各階の床
がプレキャスト

58

1970年代には磯崎新や槇文彦など、
当時の若手もプレキャスト建築に挑む。

1974 北九州市立中央図書館／北九州市
／設計：石＝磯崎新ほか

1975 沖縄海洋博記念水族館
／沖縄県本部町※／設計：槇文彦

プレキャストといえば、大高正人と木村俊彦（構造家）のコンビも覚えてほしい。この時代のプレキャスト建築の一つの到達点だ。

1968

大高正人
1923
-2010

木村俊彦
1926
-2009

→P.29

千葉県立中央図書館
／千葉市／設計：大高正人

板木県議会棟庁舎
／宇都宮市※
／設計：大高正人

1969

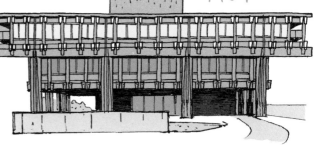

「エコ」が普遍性に風穴を開ける

[ポイント]

・世界共通化の一方で、固有の環境を生かす造形が各国で試みられた。

・普遍性と地域性（多様性）の間を揺れながら建築は進化していく。

ル・コルビュジエやミース・ファン・デル・ローエが世界に与えた影響は大きく、戦後の建築は"世界どこでも一緒"の方向に向かう。

International Style

これを「インターナショナル・スタイル」と呼ぶ。

生涯、普遍性を追求したミースに対し、コルビュジエは晩年、インドにはまり、地域性に目覚める。

同じじゃ
つまらん

1956

織維業会館
／インド・アーメダ
バード

コルビュジエは、「ブリーズ
ソレイユ」と名付けた日よ
けの庇や壁をさまざまなバリ
エーションに進化させた。

1956　ショーダン邸
/インド・アーメダバード

「ブリーズソレイユ」(フランス語)は「太陽を砕くもの」の意味。
　　　　　　　　　　　　(soleil) (brise)

奥行きの深い日よけは、
ブラジルのオスカー・
ニーマイヤーなどに引き
継がれ……

1960
プラナルト宮殿
/ブラジリア/設計:
オスカー・ニーマイヤー

1962
ブラジル司法省庁舎
/ブラジリア/設計:
オスカー・ニーマイヤー

日本ではTeam ZOO（象設計集団ほ
か）による「名護市庁舎」に結実する。

1981
名護市庁舎/沖縄県
/設計:Team ZOO

レンゾ・ピアノ
1937～

「技術」を形に
生かす。

1990年代に入り、「空気の流れ」がデザインの起点に
なることを示したのが、イタリアのレンゾ・ピアノ。

1994

関西国際空港旅客ターミナルビル/大阪/
設計：レンゾ・ピアノほか
「オープンエアダクト」で空気の流れをつくる

1998 チバウ文化センター/ニューカレドニア/
設計：レンゾ・ピアノ

風と煙突効果で自然
換気をしやすくする形

煙突効果で自然換気を促すデザインは世界に広がる。

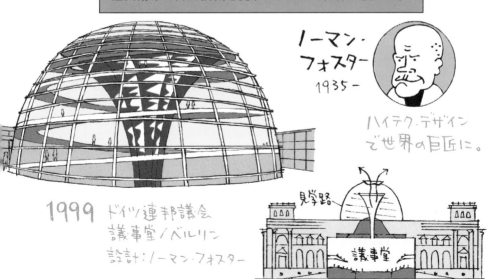

ノーマン・
フォスター
1935～

ハイテク・デザイン
で世界の巨匠に。

1999 ドイツ連邦議会
議事堂/ベルリン
設計：ノーマン・フォスター

見学路

議事堂

台風の多い日本では、風対策も建築の形を変える。

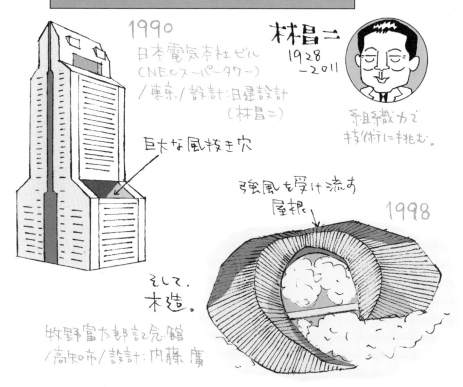

1990
日本電気本社ビル
（NECスーパータワー）
/東京/設計：日建設計
　　　（林昌二）

林昌二
1928
-2011

組織力で
技術に挑む。

巨大な風抜き穴

強風を受け流す
屋根

1998

そして、
木造。

牧野富太郎記念館
/高知市/設計：内藤 廣

1988　小国ドーム/熊本県小国町
　　　/設計：葉 祥栄

1980年代末〜90年代には、
今でいうSDGs的な観点から
大規模木造のムーブメントが
起こった。

地元のスギの小径木も
用いた大空間。

普遍性と地域性（多様性）の間を揺れながら建築は進化する。

けんちくのかきがた 2
左右の消失点は人間の目の高さに

消失点の次のステップは「高さ」。建築をたくさん描くうちに気づいたのは、「左右の消失点の高さをそろえ、それも人間の目の高さにする」と描きやすい、ということ。

消失点1

目の高さ

おー

おー

おー

消失点2

→P.54

建築が自然に見えるうえ、点景の人物の目の高さを統一しやすくなる。そして、消失点を目の高さよりも上にすると「上からの見おろし」になり、下にすると「見上げ」になる。

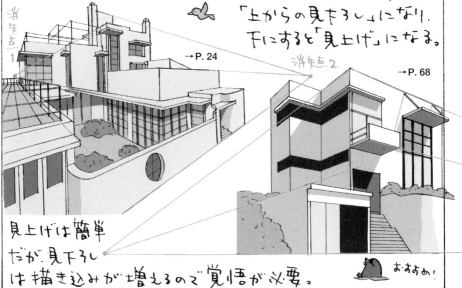

消失点1

→P.24

消失点2

→P.68

見上げは簡単だが、見下ろしは描き込みが増えるので覚悟が必要。

おすすめ！

何をまねているのか？［発想と発信］

講義の3日目は、建築家たちが何を拠り所にし、それをどう伝えたかについて。
「学ぶ」の語源は「まねぶ（まねる）」。建築という巨大作品の場合、過去の
技術をまねることなく前には進めない。デザインもゼロからは生まれない。建築
家たちはそれを隠さず、むしろ「発想」の根源を積極的に「発信」してきた。

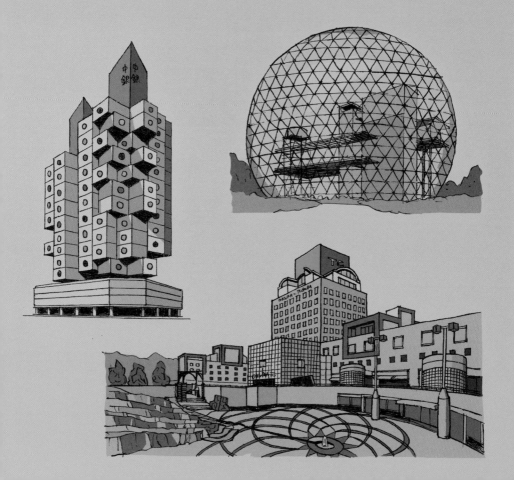

日本建築に元からあったモダニズム

[ポイント]

・モダニズムと日本建築は、「大窓で内外をつなぐ」点が共通している。

・日本のモダニストは、バウハウスを入り口として日本建築をまねた。

すでに書いたように、日本のモダニズム建築のレベルの高さを世界に知らしめたのは丹下健三である。だが、「知らしめた」のが丹下であって、日本のレベルは戦前から高かった。

ここで「バウハウス」の話をしたい。ル・コルビュジエの活躍以前、モダニズム建築の発信に大きな役割を果たしたのが、1919年、ドイツで設立された「バウハウス」だ。

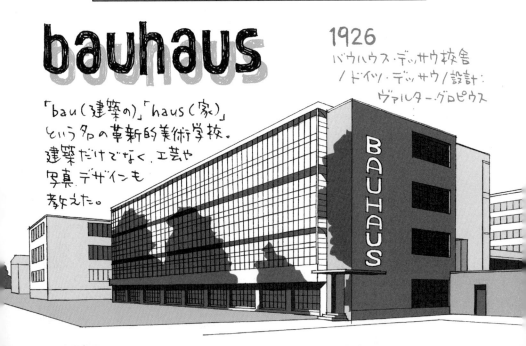

bauhaus

「bau(建築の)」「haus(家)」という名の革新的美術学校。建築だけでなく、工芸や写真、デザインも教えた。

1926
バウハウス・デッサウ校舎
／ドイツ・デッサウ／設計：
ヴァルター・グロピウス

建築家のヴァルター・グロピウスが創設。ミースも校長を務めた。

初代校長
ヴァルター・グロピウス
1883-1969
ベルリン生まれ。1919年
から1928年まで校長
を務める。

3代校長
ミース・
ファン・
デル・
ローエ
1886-
1969

ドイツ出身。1930
年から1932年まで
校長。アメリカに亡命。

2代校長

建築分野では、それまでの装飾的デザインを脱し、「白い箱」と「大きな窓」で構成されるデザインを目指す。

ハンネス・マイヤー
1889-1954
スイス出身。1928年から
1930年まで校長。

初代校長のグロピウスは、これを「インターナショナル・スタイル」と位置づけた。

日本からも水谷武彦、山脇巌・道子、大野玉枝の4人が学んだ。

山脇巌 1898
-1987
1930年に夫人とともに
バウハウスに留学。

1934
三岸アトリエ/東京・中野

山脇は帰国後にハイレベルな「白い箱」を実現。

日本人が初めて
目にした本場仕込み
のバウハウス・スタイル！
(この建物は東京・中野に現存する)

留学組に限らず、1920～30年代に日本の建築家の多くがバウハウスに影響を受けた。はっきり言うと、「まねた」。

例えば、バウハウスを実際に訪れた石本喜久治や堀口捨己。

1928 三宅やす子邸／東京※
設計：石本喜久治（※は現存せず。以下同じ）

1930 吉川邸／東京※設計：
堀口捨己

彼ら以上にバウハウス流に傾倒し、見事に形にしたのは土浦亀城だ。

1935 土浦亀城邸／東京／
設計：土浦亀城

これぞ
インターナショナル
・スタイル!!

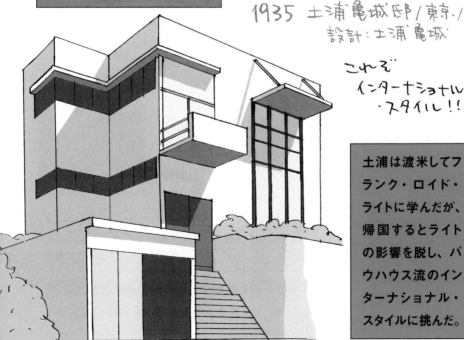

土浦は渡米してフランク・ロイド・ライトに学んだが、帰国するとライトの影響を脱し、バウハウス流のインターナショナル・スタイルに挑んだ。

なぜ当時の日本の建築家は本家をしのぐ
ようなバウハウス流を実現できたのか。そ
れは、日本の建築が「大きな窓で内外を
つなぐつくり」だったことが大きい。モダ
ニズムの精神が元からあったのだ。

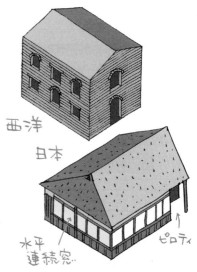

西洋

日本

水平
連続窓

ピロティ

丹下健三はそれを自覚し、「桂
離宮」をはじめ、日本建築の
伝統を積極的に吸収した。

1953
丹下邸/東京.成城*
設計:丹下健三

株式会社
紀伊國屋書店

KINOKUNIYA BOOKSTORE

これも影響受けてます.

1947

紀伊國屋書店/東京.新宿*/設計:前川國男

日本の初期のモダニストたちは、バウハウスを入り口として日本建築をまね
ていた——。そうした目で見ると、モダニズム建築はより面白い。

講義 15

日本は「モダニズム＝近代建築」にあらず

[ポイント]

・日本で「近代建築」というとき、「モダニズム建築」とはズレがある。

・明治維新後に輸入された「様式建築」も、日本では「近代建築」。

ここまで本書では当たり前のように「モダニズム建築」という言葉を使ってきた。なぜその言葉を今頃説明するかというと、ある程度歴史を知ってからでないと意味を読み誤るからだ。

What is Modernism ?

まず前提として、日本では「モダニズム建築＝近代建築」ではない。そこには欧米とのズレがある。

Modernism ≠ 近代建築 *in*

欧米の場合

18～19世紀 産業革命

→ 過去の様式にとらわれず、機能性や合理性を重視した建築が広まる。

モダニズム建築＝近代建築

欧米では、19世紀末から台頭した新しい建築を「近代建築」と呼ぶ。

一方、日本では明治維新（1868年）後、ヨーロッパの建築を範として建築の西洋化が進んだため、導入に力を入れたのは最新の「近代建築」ではなく、従来の「様式建築」だった。

日本の建築史では、これも「近代建築」と呼ぶ。

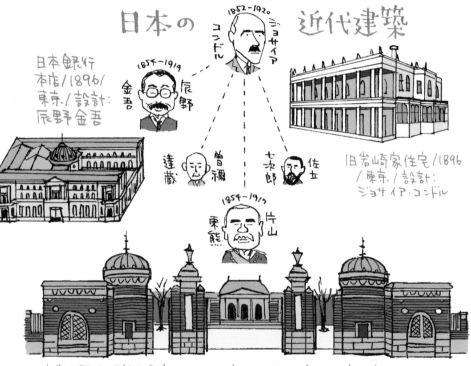

日本の　近代建築

1852-1920. コンドル ジョサイア

1854-1919 金吾 辰野

日本銀行本店/1896/東京./設計:辰野金吾

達蔵 曽禰 七次郎 佐立

1854-1917 東熊 片山

旧岩崎家住宅/1896/東京./設計:ジョサイア・コンドル

京都国立博物館/1895/京都/片山東熊（宮内省）

コンドルやその教え子が設計した様式建築も「近代建築」なのだ。

ゴシック　バロック

様式

念のため説明しておくと、「様式建築」とは、ある特徴を持った建築のスタイル（様式）を繰り返し使った建築をいう。

日本では明治維新＝近代化（産業革命の成果の輸入）だったから、輸入された様式建築が「近代建築」と呼ばれるのは仕方がない面もある。さらにそれをわかりにくくしているのは……

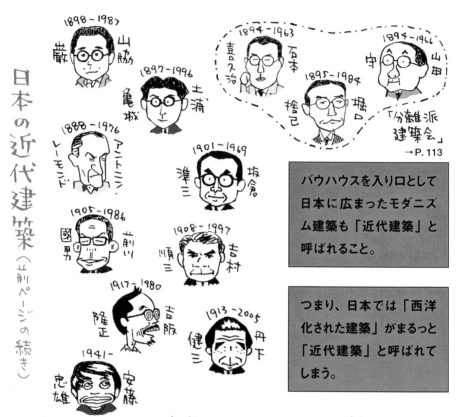

日本の近代建築（前ページの続き）

山脇 巌 1898〜1987
土浦 亀城 1897〜1996
レーモンド アントニン 1888〜1976
堀口 捨己 1894〜1963
山田 守 1894〜1966
坂倉 準三 1901〜1969
前川 國男 1905〜1986
吉村 順三 1908〜1997
吉阪 隆正 1917〜1980
丹下 健三 1913〜2005
安藤 忠雄 1941〜

「分離派建築会」
→P.113

バウハウスを入り口として日本に広まったモダニズム建築も「近代建築」と呼ばれること。

つまり、日本では「西洋化された建築」がまるっと「近代建築」と呼ばれてしまう。

日本では、コンドルから安藤忠雄まで「近代建築」……。

なので、欧米で言う「近代建築」を指すときには、「モダニズム建築」と言ったほうが誤解がない。本書ではそうしている。

様式建築とごっちゃにしないで。

個人的にはル・コルビュジエの「近代建築五原則」も「モダニズム建築五原則」と呼ぶべきだと思う。

欧米でモダニズム建築がどのように生まれた
かは、筆者と藤森照信氏（建築史家）の共著
『モダニズム建築とは何か』を読んでほしい。
ざっくりいうと、こんな流れだ。

文 藤森照信 画 宮沢洋
『画文でわかる モダニズム建築とは何か』
彰国社、2022年

歴史主義
（様式建築）

19世紀末 ウィーン

アール・ヌーヴォー

影響 ←-- 産業革命

20世紀初頭

各国で新しいデザイン

| ドイツ 表現主義 | ロシア 構成主義 | オランダ 「デ・スティル」 |

マジョリカハウス/1899/
ウィーン/設計：オットー・ヴァーグナー

1919-1933 ドイツ

バウハウス

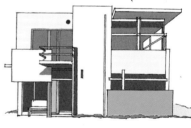

シュレーダー邸
/1924/オランダ
/設計：ヘリット
・リートフェルト

影響

1910 フランク・ロイド・ライトの図面集

バウハウス・デッサウ宿泊棟
/1926/ドイツ/設計：グロピウス

戦後 モダニズム建築、世界に広まる

73

講義 16

真の細胞になれなかったメタボリズム

[ポイント]

・メタボリズムは建築や都市に「細胞」の仕組みを取り入れる考え方。

・成功例は少ないが、現在のSDGsにつながる先進的な考え方だ。

人間の創造の原点は「まね」だ。AI（人工知能）と同様、無から何かが生まれることはまずない。バウハウスの建築家たちは幾何学図形をまね、日本の初期のモダニストたちは日本の木造建築をまねた。

1960年代、あるものをまねた思想が日本から発信され、世界から注目される。「メタボリズム」である。

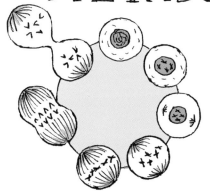

何をまねたかというと、「細胞」だ。建築や都市に、細胞が「新陳代謝」する仕組みを取り入れよう、という考え方だ。

きっかけは1960年に日本で開催された「世界デザイン会議」。建築家の菊竹清訓、黒川紀章、大高正人らが建築の未来を議論するグループを結成。「METABOLISM/1960 ―― 都市への提案」を発表。

菊竹清訓
1928-2011
『代謝建築論』
も後に出版。

初期に大きなインパクトを与えたのは、菊竹清訓による「海上都市」「塔状都市」といった都市提案。「海上都市」はまさに増殖する細胞を思わせた。

海上都市1963（提案）/
設計：菊竹清訓

メタボリズムでは、建築や都市は時間とともに形を変えていく。肝になるのは、交換を重視したデザインだ。

菊竹は1962年、すでに完成していた「スカイハウス」で、子ども部屋の増築という形でメタボリズムを実践してみせた。

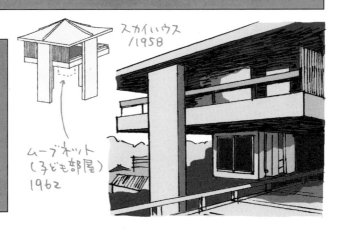

スカイハウス
/1958

ムーブネット
（子ども部屋）
1962

"カプセル建築"

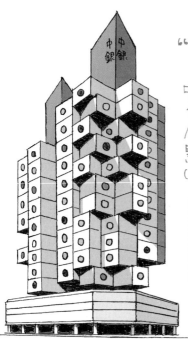

中銀カプセル
タワービル/1972
/東京/設計：
黒川紀章
（現存せず）

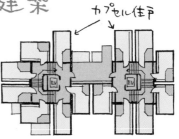

カプセル住戸

「交換可能」を誰にでもわかる形でデザインしたのが黒川紀章のカプセル建築。その代表が「中銀カプセルタワービル」だ。

時代はカプセル！

ちなみに「カプセル」という言葉は、アポロの司令船の呼び名として有名になった。

黒川紀章
1934-2007

しかし、140個のカプセル住戸は一つも交換されることなく2022年に姿を消す。

メタボリズムグループのメンバーではないが、丹下健三もメタボリズム的な考え方で「山梨文化会館」を実現。これは実際に、空隙に増築された。

"コア"
（円柱）

山梨文化会館
/1966/甲府市/
設計：丹下健三

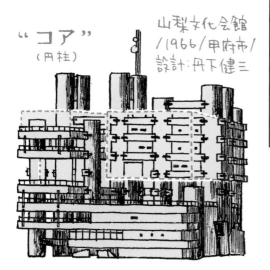

メンバーじゃないけど、やってみた。
丹下健三
1913-2005

メンバーの一人、大高正人は空中に「人工土地」を設け、その上に都市をつくることを提案。「坂出人工土地」でそれを実現した。

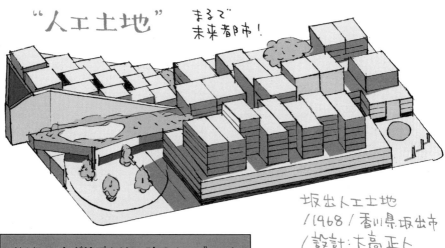

"人工土地"　まるで未来都市！

坂出人工土地／1968／香川県坂出市／設計：大高正人

だが、メタボリズムは一時のムーブメントで終わった。それは実現した建築が「交換可能」に見えながらも、現実にはそのハードルが著しく高かったからだ。

建築の部位ごとに寿命を分けて設計する考え方は「スケルトン・インフィル (SI)」という名で、今もマンション設計などに生かされている。

"SI"　スケルトン　インフィル

欧米で1970年代に台頭した「ハイテク建築」にもメタボリズムは影響を与えた。現在のSDGsにもつながる先進的な考え方だった。

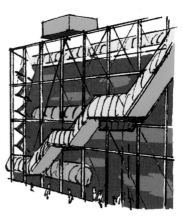

ポンピドゥー・センター／1977／フランス・パリ／設計：レンゾ・ピアノ＋リチャード・ロジャース

講義 17

ポストモダンは DJ のサンプリングに浸れ

［ポイント］

・ポストモダンは音楽でいうサンプリング。DJ たちが引用の技を競った。

・引用元は過去の建築様式から始まり、さまざまなテーマに拡散した。

若い人はポストモダン建築のよさがわからないらしい。でも安心してほしい。筆者もそうだった。何しろ建築専門誌に配属された1990年に見たのはこんな建築。建築の初心者には理解不能……。

東京武道館 / 1989 / 東京・綾瀬
/ 設計：六角鬼丈

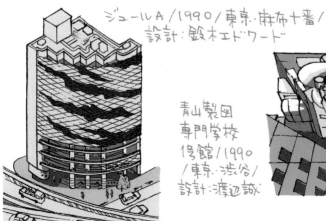

ジュールA / 1990 / 東京・麻布十番 /
設計：鈴木エドワード

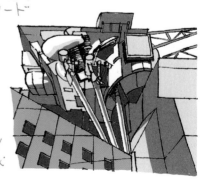

青山製図
専門学校
1号館 / 1990
/ 東京・渋谷 /
設計：渡辺誠

しかし、「ああ、みんな何かのまねなんだ」と気づいてからは、元ネタとの差を考えるのが楽しくなってきた。教本は石井和紘だ。

歌舞伎座
（東京）

第一銀行神戸支店
（神戸）

直島町役場/1983/
香川県直島町/
設計:石井和紘

会津
さざえ堂
（福島県）

飛雲閣
（京都）

石井和紘
かずひろ
1944 –
2015

数寄屋邑/1989
/岡山県/設計:石井和紘

こんなに遊んじゃっていいの？（説明スペースが足りない…）

音楽でいえば、サンプリング。過去の建築様式を取り出してひと味加える。

まねるのは建築様式だけではない。

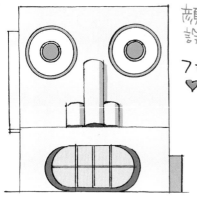

顔の家／1974／京都市／
設計：山下和正

ファニー！！
♥

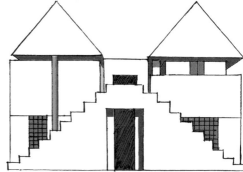

積木の家Ⅰ／1979
／山口県／設計：
相田武文

オーミングの勝利？

**スチームパンク（レトロフューチャーのSF）の
世界観をまねたと思われるものも。**

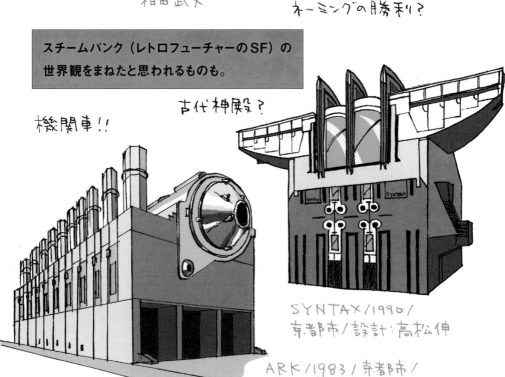

古代神殿？

機関車！！

SYNTAX／1990／
京都市／設計：高松伸

ARK／1983／京都市／
設計：高松伸

日本でポストモダンが広まるきっかけをつくったのはこの建築。

磯崎新が設計した「つくばセンタービル」。

つくばセンタービル/1983
/茨城県つくば市/
設計:磯崎新

広場がイタリアのカンピドリオ広場を反転した模様になっているなど、建築クイズのような引用が満載。

元ネタはこれ→

カンピドリオ広場/1530年代
/ローマ/設計:ミケランジェロ

ポストモダンのピークは隈研吾の「M2」だろう。これ以降、明らかな引用のデザインは収束していく。ある意味で日本の建築の転換点になった重要建築といえる。

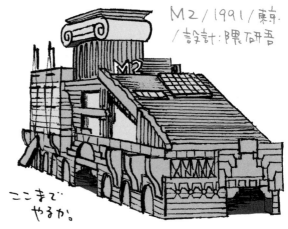

M2/1991/東京
/設計:隈研吾

ここまでやるか。

講義 18

「数学の美」の先にあるのは AI 建築？

[ポイント]

・バックミンスター・フラーは数学への憧れを「つくる合理性」と接続した。

・磯崎新は数学美からスタートし、「コンピュータに委ねる美」を実践。

人間はいにしえから数学の美が大好きだ。

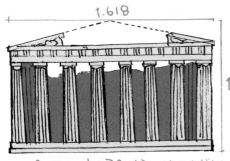

パルテノン神殿／BC432／ギリシャ

凱旋門／1836／パリ

黄金比（1：1.618）や白銀比（1：1.414）は歴史上の名建築に頻出する。

黄金比をマイルールに取り込んだのがル・コルビュジエの「モデュロール」（P. 19）だった。

"モデュロール" Modulor

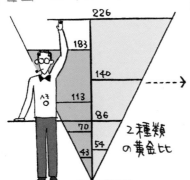

2種類の黄金比

国立西洋美術館／1959／東京.

人間はいにしえから角すい、円柱、球体など幾何学形体への憧れも強い。

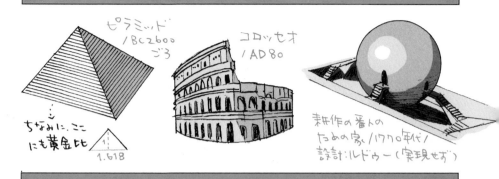

ピラミッド
/BC2600
ごろ

ちなみに、ここ
にも黄金比

1 : 1.618

コロッセオ
/ AD80

耕作の番人の
ための家/1770年代/
設計:ルドゥー(実現せず)

憧れの対象だった数学や幾何学を「つくる合理性」とわかりやすく結びつけ
たのが、アメリカの建築家・思想家、バックミンスター・フラーだ。

"ジオデシック・
ドーム"

バックミンスター・
フラー
1895
-1983

正多面体や半正多面
体を、正三角形に近い
三角形で再分割し、球
体に近づけた「ジオデ
シックドーム」を考案。
「フラードーム」とも。

モントリオール万博 アメリカ館/1967/カナダ
/設計:バックミンスター・フラー

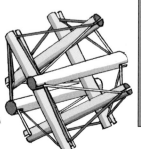

"テンセグリティ"
Tensegrity

ストローと輪ゴム
でつくるテンセグリティ
の一例

フラーは圧縮材と引っ
張り材のバランスで
成り立つ「テンセグリ
ティ」という構造も考
案した。

日本では磯崎新が数学好き建築家の代表格だ。フラーの影響も。

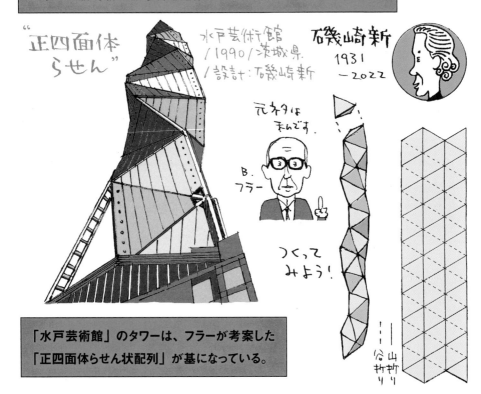

"正四面体
らせん"

水戸芸術館
/1990/茨城県.
/設計:磯崎新

磯崎新
1931
－2022

元ネタは
ボクです.

B.
フラー

つくって
みよう！

山折り

谷折り

「水戸芸術館」のタワーは、フラーが考案した
「正四面体らせん状配列」が基になっている。

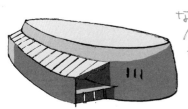

なら100年会館
/1999/奈良市/
設計:磯崎新

「なら100年会館」は平
面が楕円で、外壁の断面
はクロソイド曲線だ。

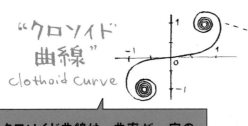

"クロソイド
曲線"
clothoid curve

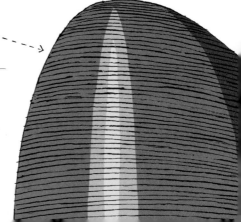

クロソイド曲線は、曲率が一定の
割合で変化していく「うずまき」。

"アルゴリズミック・デザイン"

デザインをコンピュータの計算に委ねるのも一種の数学。その走りは渡辺誠の「飯田橋駅」。天井のウェブフレームは、アルゴリズム（初期設定による自動計算）でデザインした。

飯田橋駅 / 2000 / 東京 / 設計:渡辺誠

"オプティマイゼーション"（最適化）

磯崎新はコンピュータによって構造を最適化した有機的な造形をいち早く実現。

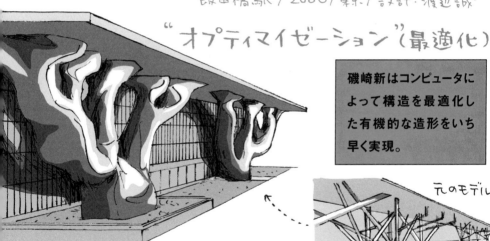

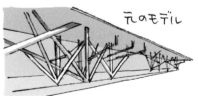

元のモデル

カタール・ナショナル・コンベンションセンター /2011/ カタール / 設計:磯崎新

……と、これまでは建築家が発想したものをバリューアップするのがコンピュータの役割だった。だが、画像生成系AIが急速に進化し、これからはAIが建築家の発想を支援するようになるだろう。果たして建築はどうなっていくのか。

どうなる

→ ?

講義 19

未完ゆえのロシア構成主義の永遠性

[ポイント]

・ロシア構成主義のビジュアルは、後の建築家に影響を与え続けている。

・「デコンストラクション」はその一つ。今もロシア構成主義の影響は根強い。

3日目の最後は、やや私見である。「現代建築を面白がるには、ロシア構成主義（ロシア・アバンギャルド）を知れ」という話だ。

ロシア構成主義は、1913年にウラジミール・タトリンが提唱したとされる芸術運動だ。タトリンは建築家であるとともに、画家・彫刻家でもあり、シュプレマティズムの影響を受けていた。

シュプレマティズム：抽象性を徹底した絵画の一形態。至上主義。

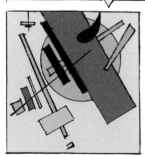

（例）
シュプレマティズム
/1916/画：
マレーヴィチ
（模写）

コーナー・カウンター・レリーフ
/1915/作：ウラジミール・タトリン

ウラジミール
・タトリン
1885-1953

タトリンのように、鉄板や木片を使ったレリーフが「構成（コンストラクション）」と呼ばれたことから、ロシア構成主義の名が広まった。

タトリンは1919年、建築史上最も有名なアンビルト（未完）建築の一つ、「第三インターナショナル記念塔（タトリン塔）」を計画した。

高さ400m!!
鉄とガラスの
巨大建築。

第三インターナショナル記念塔
（タトリン塔）/1919（実現せず）
/設計：ウラジミール・タトリン

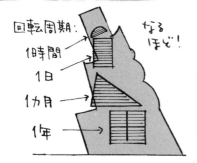

回転周期
1時間
1日
1ヵ月
1年

なるほど！

塔の外側は二つのらせん階段がめぐり、内側には立方体、ピラミッド、円柱、半球の四つのヴォリュームが浮かぶ。それぞれは1年に1回転〜1時間1回転の異なる速度で回転。

1923年の「労働宮殿」コンペでは、タトリンに影響を受けたヴェニスン兄弟が、コンペ史に残る落選案を提案した。

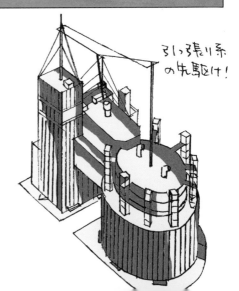

引っ張り系
の先駆け！

労働宮殿コンペ案
（3等、実現せず）/1923
設計：ヴェスニン兄弟

エル・リシツキーは巨大なキャンチレバー（片持ち）の建築を提案した。

雲の鐙（あぶみ）/1924 ※
/設計：エル・リシツキー
（※は実現せず）

ロシア構成主義は同時代のバウハウスに比べると、抽象性や視覚的インパクトを重視していた。だからアンビルトのプロジェクトが多い。

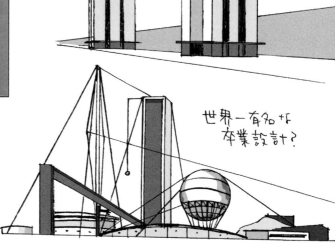

世界一有名な
卒業設計？

▲ レーニン図書館学研究所案
/1927 ※/設計：イワン・レオニドフ

◀ 重工業省計画/1934 ※
設計：イワン・レオニドフ

ルサコフ労働者クラブ ▶
/1928/モスクワ/設計：
コンスタンティン・メーリニコフ

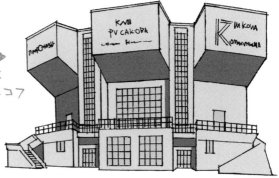

実際に建てられ、現存するものもある。

ロシア構成主義は現実社会に定着することなく、フェイドアウトしていったが、
そのビジュアルは後の建築家に影響を与え続ける。

1980年代末から世界的なムーブメントになった「デコンストラクション（脱構築）」はその一つ。ロシア構成主義の焼き直し、と言われることもある。

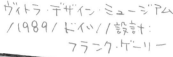

ヴィトラ・デザイン・ミュージアム
/1989/ドイツ/設計：
フランク・ゲーリー

脱構築
Deconstruction

ヴィトラ社工場・消防
ステーション/1993/ドイツ
/設計：ザハ・ハディド

布谷ビル/1992/
東京（現存せず）/
設計：ピーター・
アイゼンマン

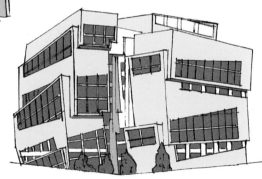

ホキ美術館/2010/
千葉市/設計：
日建設計

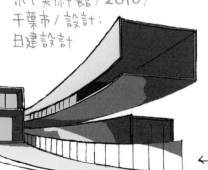

デコンストラクションという言葉はあまり使われなくなったが、今もロシア構成主義を連想させる建築は多い。そういう目で見ると、現代建築はより面白くなる。

←例えば、これとか。

けんちくのかきかた3
3点透視は苦労が報われない

消失点3

建築パースを習った方は「基本は3点透視だ」と言うかもしれない。空間は3次元だからそれは正しい。だが経験上、「左右＋上（もしくは下）」の3点透視は苦労が報われない。描く時間が倍くらいかかるのに、そんなに大変そうに見えないのだ。

本書の中だと、例えばこれ。

これは、建築系の人が「あおり補正」した写真を見慣れているからだと思う。上下の遠近感はむしろない方が美しいと感じてしまうのだ。

←消失点1

↗消失点2

← 例えばこれ。
→ P.108

→ P.51

どうせ苦労するなら、上下ではなく、左右の消失点も増やしてみるのも面白い。

消失点を少しずつずらして描くと"魚眼"風に。

→ P.63

こんな表現はイラストならでは。実務には役立たないと思うけど。

DAY 4

いつつくられたのか？［社会と変革］

本書ではこれまで、歴史の順番をあえてばらして講義を続けてきた。講義の最終日は、これを歴史の串でつなぎ直す。建築は必ず「社会」の影響を受け、建築潮流の大きな「変革」も社会の要請から生まれる。建築家たちの閉じた（ように見える）言説もしかり。建築史は社会史と結びつけてこそ面白さを増す。

講義 20

小ささを競った戦後復興期の住宅設計

［ポイント］

・戦後復興期には「最小限住宅」が建築界のキーワードとなった。

・小住宅をシリーズ化する建築家も現れ、住宅の"原型"が追求された。

戦争が終わると、人びとの関心は日々を過ごす住宅へと向かう。戦後復興期に建築家たちの発奮材料となったのは小住宅だ。

まず覚えるべきは1950年の2件。

1950　加納氏邸/
長野県 軽井沢町/
設計：坂倉準三

坂倉準三は戦中に取り組んだ組み立て式住宅（P.56）を「加納邸」で実践。

その発表時にこれを「最小限住宅」と呼び、この言葉は復興期のキーワードとなった。

坂倉
準三

JUNZO
SAKAKURA
1901-1969

「最小限住宅」
Habitation Minimum

ただし、「最小限住宅」は坂倉の造語ではなく、戦前の1929年に開かれたCIAM（近代建築国際会議、P.20）の議題であった。

坂倉と同じ年（1950年）、坂倉事務所出身の池辺陽は「立体最小限住居」を発表。

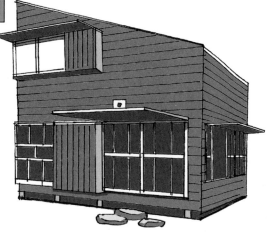

1950　立体最小限住居（No.3）
／東京／設計：池辺陽

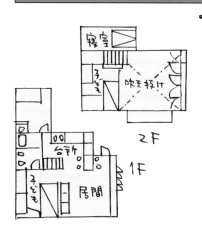

2F

1F

池辺陽
KIYOSHI
IKEBE
1920 -1979

延べ面積47.9m²（約15坪）。「約15坪」は当時、新築住宅の面積の上限が15坪だったことによる。

池辺はこの後、立体最小限住居をシリーズ化する。なかでも「No.38」（石津謙介邸）は話題になった。

1958
No.38（ケーススタディハウス．
石津謙介邸）／東京／
設計：池辺陽

施主は
VANの創業者。
なんてオシャレ！

1952年、レーモンドの弟子である増沢洵が自邸を発表する。これは3間×3間＝9坪の住宅で、後に「9坪ハウス」と呼ばれ、神話化。

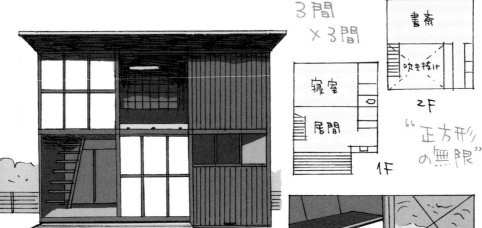

3間
×3間

書斎

吹き抜け

寝室

居間

2F

"正方形
の無限"

1F

1952 増沢洵自邸/
東京/設計：増沢洵

増沢洵
MAKOTO MASUZAWA
1925〜1990

一貫して軽量鉄骨造の住宅の可能性を追求したのが広瀬鎌二。

1953 SH-1(広瀬鎌二自邸)/
鎌倉市/設計：広瀬鎌二

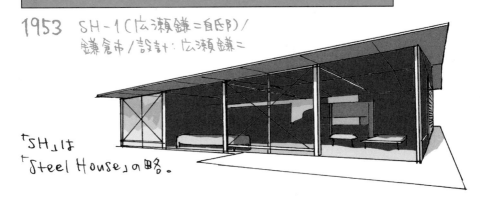

「SH」は
「Steel House」の略。

広瀬は軽量鉄骨造住宅を「SH-〇〇」の作品名でシリーズ化。その到達点は「SH-30」といわれる。

広瀬鎌二

KENJI
HIROSE
1922-2012

1960　SH-30（牧田邸）/ 東京 / 設計：広瀬鎌二

広瀬はミース・ファン・デル・ローエの影響を受けていた。同じくミースに大きな影響を受けて住宅設計に取り組んだのが清家清。

1951　森博士の家 /
東京 / 設計：清家清

清家清

KIYOSHI
SEIKE
1918-2005

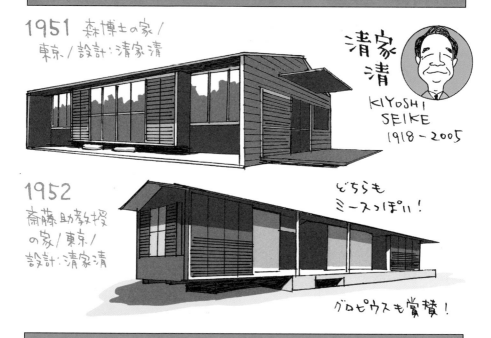

1952
斎藤助教授
の家 / 東京 /
設計：清家清

どちらも
ミースっぽい！

グロピウスも賞賛！

この時代に住宅の"原型"を追求したことで、後の世代に"乗り越えるべき目標"ができた。その輝きは今も減じていない。

講義 21

新潮流は名もなき住宅が切り拓く

[ポイント]

・1960年代には住宅設計が多様化。「住宅は芸術である」という発言も。

・都市に対して「閉じる」時代を経て、ポストモダンを先導する役割へ。

1960年代に入り、経済が安定してくると、住宅は「小ささ」にとらわれることなく、既存の社会規範に対する"批評"になっていく。

それを象徴するのが、篠原一男のこの名言。

「住宅は芸術である」。

by 篠原一男

初出は1962年。『住宅論』(1970年)に収録。

KAZUO SHINOHARA
1925-2006

この言葉は賛否両論を呼ぶも、篠原の実作とともに、当時の建築家たちに大きな影響を与えた。

1961 から傘の家 / 東京 /
設計:篠原一男

この住宅は2022年、ドイツの
「ヴィトラキャンパス」に移築された。

篠原は、東京工業大学で清家清に学んだ。篠原が
西洋のモダニズム建築をストレートに受け入れたのに
対して、篠原は進むべき道を日本の民家の再解釈の
なかで探った。そのひとつの回答が「白の家」。

師匠？
兄貴？

7歳下

1966 白の家/
東京/設計：篠原一男

すごい
抽象性！

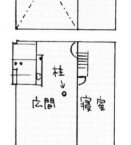

吹き抜け　寝室

柱↓
広間　寝室

民家の再解釈といえば、菊竹清訓
の「スカイハウス」もそう。

1958

スカイハウス/
東京/設計：菊竹清訓

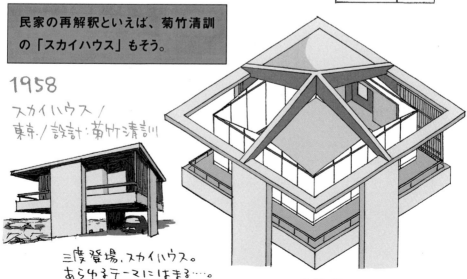

三度登場、スカイハウス。
あらゆるテーマにはまる……。

97

→P. 46・75

急激に変化していく都市に対して「閉じる」という姿勢も60〜70年代の住宅の特徴だ。「正面のない家」シリーズはその流れの先駆け。

1962 正面のない家・H / 兵庫県 / 設計：坂倉建築研究所・大阪

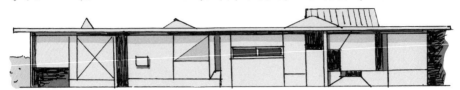

1961 正面のない家・K / 兵庫県 /
設計：坂倉建築研究所・大阪

西澤文隆
FUMITAKA
NISHIZAWA
1915-1986

坂倉準三が大阪事務所を任せた西澤文隆によるコートハウス。中庭に開き、街に対しては閉じる。

1966 塔の家（東孝光自邸）/
東京 / 設計：東孝光

坂倉準三の弟子である東孝光は東京の都心に自邸を建てた。

東孝光
TAKAMITSU
AZUMA
1933-2015

6.21坪の三角地に立つ塔状の住宅は、都市と闘う姿勢を発信。

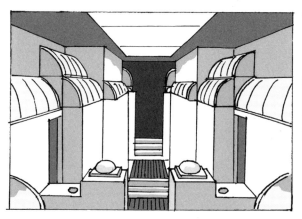

1974

原邸 / 東京 /
設計：原広司

原広司は閉じた住宅の
中に"都市"をつくった。

原広司
HIROSHI
HARA
1936—

伊東豊雄も閉じた住宅からスタートする
が、機能から切り離された"軽さ"へと
向かっていく。

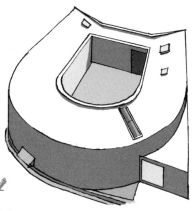

1976

中野本町の家
/ 東京 / 設計：
伊東豊雄

1981

笠間の家 / 茨城県 / 設計：伊東豊雄

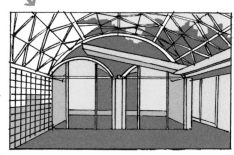

伊東
豊雄

TOYO ITO
1941—

1984

シルバーハット /
東京 / 設計：伊東
豊雄

原や伊東は1980年代後半になると、ポストモダンを先導する存在に。

講義 22

「万博」「五輪」は建築の祭典

[ポイント]

・万博や五輪は新潮流の発信の場。日本は戦前のパリ万博で世界に踏み出した。

・1958年ブリュッセル万博、1960年ローマ五輪をステップに1964年東京五輪へ。

「鉄骨造は万博で進化を遂げる」と50ページで書いた。鉄骨造に限らず、万博は新しい潮流の発信の場だ。五輪（オリンピック）もしかり。ここでは万博と五輪でつくられた名建築をひとつの流れの中で振り返る。

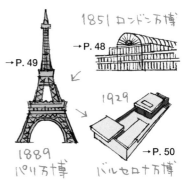

→P. 49

1851 ロンドン万博
→P. 48

1929

1889
パリ万博

バルセロナ万博
→P. 50

1937 パリ万博

日本建築界にとっての最初のエポックはパリ万博。坂倉準三が鮮烈デビュー。

ピロティ＆なまこ壁風格子。

パリ万国博覧会日本館 /
設計：坂倉準三

パリ万博建築部門でグランプリを受賞。
日本建築界の"世界への一歩"を刻む。

1958 ブリュッセル万博
（ベルギー）

フィリップス館 /
設計：ル・コルビュジエ、
ヤニス・クセナキス

戦後最初の大規模万博「ブリュッセル万博」では、ル・コルビュジエが弟子のクセナキスと「フィリップス館」を設計。

コンセプト
（模写）

すごい
三次元
造形…

ブリュッセル万国博覧会
日本館 / 設計：前川國男

ブリュッセル万博では、前川國男が日本館を設計した。

1960 ローマ五輪 ◎◎◎◎◎

スポーツパレス / 設計：
ピエール・ルイジ・ネルヴィ

イタリアの構造家で建築家でもあるネルヴィが屋内競技場を設計。プレキャスト・プレストレスコンクリート工法（P. 57）による繊細なコンクリート表現を切り拓いた。

1964 東京五輪 ⚭

ご存じ前東京五輪では、丹下健三や芦原義信が大空間建築の多様性を世界にアピールした。

国立代々木競技場 /
設計：丹下健三

二重の吊り構造！
→P.15

駒沢体育館 /
設計：芦原義信

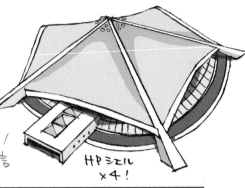

HPシェル
×4！

1960年代のモントリオール万博やメキシコ五輪では、構造表現主義がひとつのピークに。

1967 モントリオール万博

（カナダ）

アメリカ館 /
設計：バックミン
スター・フラー
→P.83

西ドイツ館 /
設計：フライ・
オットー

1968 メキシコ五輪 ⚭

スポーツパレス /
設計：フェリックス
・キャンデラ

1970 大阪万博

タカラ・ビューティリオン /
設計：黒川紀章

菊竹清訓や黒川紀章がメタボリズムを実践。黒川の「タカラ・ビューティリオン」は、「中銀カプセルタワービル」へとつながる。

1972 ミュンヘン五輪 ⑤⑤⑤
（ドイツ）

ドイツの構造家、フライ・オットーが
モントリオール万博に続いて、大規
模な膜構造を実現。

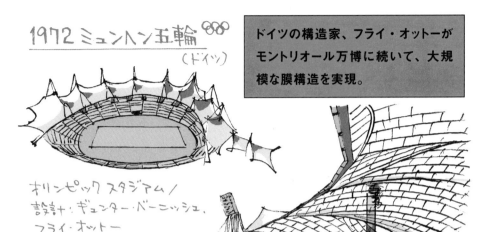

オリンピック スタジアム／
設計：ギュンター・ベーニッシュ、
フライ・オットー

膜構造の
金字塔！

1975 沖縄海洋博

アクアポリス／設計：
菊竹清訓、三菱重工業

菊竹清訓がメタボ
リズムのアイコン
となった「海上都
市」を「アクアポ
リス」で実現。

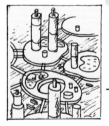

1963

→P. 75

（1985 つくば万博）

つくばセンタービル／
1983／設計：
磯崎新

つくば万博では特記すべき建築
はつくられなかったが、前々年
に街のシンボルとなる「つくば
センタービル」が完成。

そして、時代はポストモダンへ。

「理由なき」巨大施設は明日を拓かず

[ポイント]

・90年代以降の万博・五輪では安藤忠雄、磯崎新、坂茂が海外で活躍。

・つくりやすさや廃棄への配慮など、「理由ありき」のデザインが王道に。

万博や五輪は各国の才能を表舞台に引き出し、建築の潮流の変化を世界に告げる。そして、それをジャッジする社会の目は厳しさを増す。

本項では引き続き、1990年代以降の万博・五輪を見ていく。

1992 セビリア万博（スペイン）

セビリア万国博覧会日本館 /
設計：安藤忠雄 ほか

まだ"世界の"という枕詞がつかなかった頃の安藤忠雄が世界に踏み出すきっかけとなった。

安藤
忠雄 1941〜

エコ意識の低かった時代に、日本の木組みをアピールした点で先駆的。

1992 バルセロナ五輪 ⊕⊕

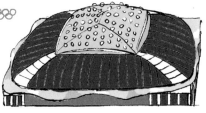

（スペイン）
サンジョルディ・パレス/
設計：磯崎新

この五輪ではメインの屋内
競技場を磯崎新が設計。

磯崎
新
1931-
2022

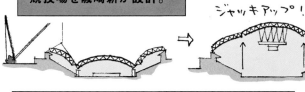

ジャッキアップ！

構造家の川口衞が考案したパンタドーム構法を
採用し、"つくり方"をデザインに織り込んだ。

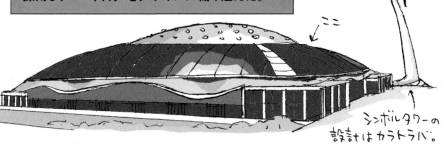

ここ →

シンボルタワーの
設計はカラトラバ。

2000 ハノーバー万博

（ドイツ）

ハノーバー国際博覧会
日本館/設計：坂茂

坂茂
1957-

まさに
"つくり方"のデザイン

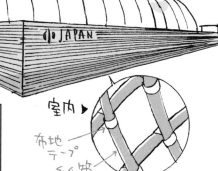

室内 ▶

布地
テープ

紙管

磯崎の弟子である坂茂は、紙管の架構を
ジャッキアップしてドーム空間をつくった。
構造家のフライ・オットーがサポート。

2004 アテネ五輪

オリンピックスタジアム /
改修設計：サンティアゴ・カラトラバ

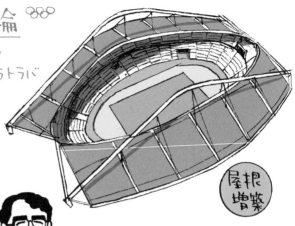

屋根
増築

1982年に建設されたスタ
ジアムにカラトラバの設
計で屋根を架けた。大空
間もエコの時代へ。

サンティアゴ・
カラトラバ
1951-

2006 トリノ五輪 （イタリア）

パラベーラ / 改修設計：
ガエ・アウレンティほか

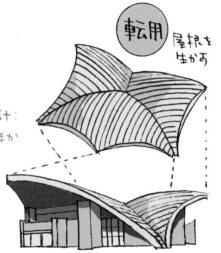

転用 屋根を
生かす

1961年のトリノ万博のためにつく
られた展示場を、五輪のためのス
ケート場へとコンバージョン。改修
設計はガエ・アウレンティほか。

2005 愛・地球博

グローバルループ /
設計：菊竹清訓ほか

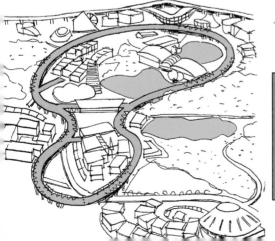

"ミスター万博"の異名を持つ菊竹
清訓がかかわった最後の万博施
設。仮設の空中歩廊を会場の目
玉にするのは、今考えると先進的
だった。

2008北京五輪

北京五輪では映像映えする競技施設が複数新設されたが、結果的にそれらは形の遊び＝時代に逆行するものとして世界に伝わった。

ETFE膜　通称"水立方"

北京国家遊泳中心/
設計：PTWアーキテクツほか

北京国家体育場/
設計：Nルツォーク＆
ド・ムーロンほか

通称"鳥の巣"

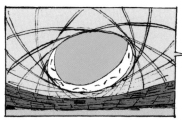

2012 ロンドン五輪

アクアティクス・センター
/設計：ザハ・ハディド

ザハ・ハディド
1950-2016

五輪時には仮設の客席を増設した状態で使われ、五輪後に本来の姿に。もちろん、仮設客席ありの状態もザハらしかった。

五輪後 ⬇

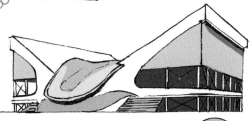

減築

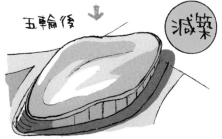

直近の2021年東京五輪の建築は、可もなく不可もなくで、大きな話題にはならず。

講義 24

名建築家はコンペで「負けて勝つ」

[ポイント]

・コンペは、当選者＝歴史上の勝者ではない。落選案にも名作は多い。

・磯崎新は多くのコンペで審査員を務め、選ぶ案を通して建築の潮流を示した。

コンペ（設計競技）はしばしば時代を象徴する建築を生み出す。そして敗れたコンペ案もまた後の建築家に影響を及ぼす。だからコンペは面白い。世界のコンペ史でまず覚えるべきはこのコンペだろう。

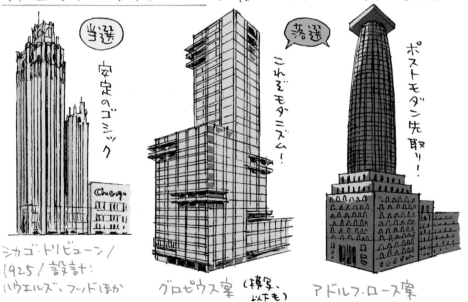

1922 シカゴ・トリビューン（公開コンペ、米国、応募約260点）

当選　安定のゴシック

落選　これぞモダニズム！

ポストモダン先取り！

シカゴ・トリビューン/1925/設計：ハウエルズ、フッドほか

グロピウス案（模写、以下も）

アドルフ・ロース案

世界最大部数を誇った新聞社の公開コンペ。当選したハウエルズの案よりも、落選したグロピウスやアドルフ・ロースの案が歴史に名を残す。

1948 平和記念広島カトリック聖堂 （公開コンペ、応募177点）

▲丹下健三案
の内観（模写）

[3等]
前川國男、菊竹清訓
ほか

[2等]
丹下健三、井上一典

[1等]
該当作なし

設計者：村野藤吾

入選に若き丹下健三や菊竹清訓が名を連ねるが「1等なし」。なんと審査員の一人である村野藤吾が設計者に選ばれる。

それでも
重要文化財！

世界平和記念聖堂
/1954/広島市/
設計：村野藤吾

1949 平和記念公園及び記念館
（公開コンペ、応募145点）

翌1949年、広島市が「平和記念公園及び記念館」の公開コンペを実施。応募145点の中から丹下健三が当選。雪辱を果たす。

丹下
健三案

慰霊碑は
大アーチ
だった
→P.14

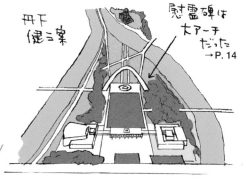

広島平和記念資料館/1952年/
広島市/設計：丹下健三

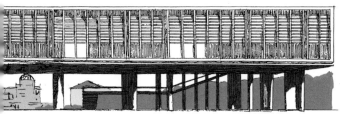

「建築＋公園」のコンペは、今考えても先進的。だから丹下の強い軸線も生まれた。

1950 〜 60年代には旧東京都庁舎（1952年実施、丹下健三当選）や国立国会図書館（1954年、ミド同人）、国立劇場（1963年、岩本博行）、最高裁判所（1968年、岡田新一）など、重要施設の設計者がコンペで選ばれた。

そうした目玉コンペの中でも、特に注目されたのはこの施設だろう。

1963 国立国際会館（公開コンペ、応募195点）

▼ 菊竹清訓案（優秀案）

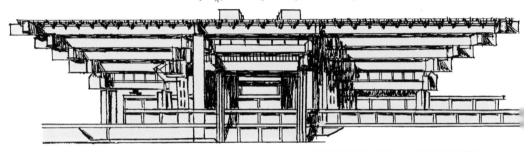

国立京都国際会館／1966／京都市／
設計：大谷幸夫
実現

当選した大谷幸夫の案は実現。評価されてはいるが、優秀案の一つであった菊竹清訓の“空中建築”案のインパクトが強く、今も語り継がれる。

入選すらしなかったのに語り継がれる案もある。「箱根国際観光センター」の吉阪隆正案は、1次選考で落選するも、地形化された造形が後になって評価される。

1971 箱根国際観光センター

（公開コンペ、応募390点）

▼ 吉阪隆正案（選外）

コンペでは「誰が審査するか」も重要だ。コンペの目利きとして世界のコンペ審査で活躍したのが磯崎新。

審査姿が絵になる！

磯崎新が審査員を務めた主なコンペ
- 1982 ラ・ヴィレット公園 （フランス）
- 1983 香港ピーク （中国）
- 1986 湘南台文化センター
- 1988 坂本龍馬記念館
- 1995 横浜港大さん橋 国際客船ターミナル
- ≒ せんだいメディアテーク

1982 ラ・ヴィレット公園
（公開コンペ）

▼ レム・コールハース案（2等）

1983 香港ピーク（公開コンペ）

▼ ザハ・ハディド案（当選、実現せず）

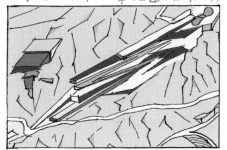

実現しない案を歴史に残すのが磯崎マジック。そして磯崎自身も、参加する側でコンペ史に残る落選案を残した。

1986 新都庁舎
（指名コンペ、9社）

磯崎新案▶
要項破りの
低層案。

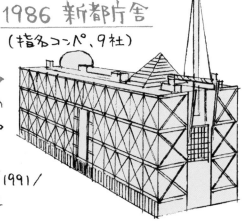

実現

東京都新庁舎／1991／
設計：丹下健三

論争や事件は建築史の重要ピース

[ポイント]

・建築家やプロジェクトを覚えるだけでは、建築の流れを楽しむのに十分ではない。

・「建築」という訳語の定着から「巨大建築論争」まで、論争や事件を振り返る。

最終日は、日本にモダニズムが定着するカギとなった論争や事件について。

1894 学会改称の提言

現在の日本建築学会は1886年、「造家学会」として設立された。当時、「Architecture」の訳語には「造家」と「建築」があり、伊東忠太は「建築」に変えることを提案。議論の末、1897年に改称された。

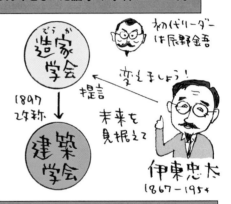

造家学会

1897 改称

建築学会

初めのリーダーは辰野金吾

変えましょう！

提言

未来を見据えて

伊東忠太 1867-1954

その後、「建築」が浸透。「造家」であったら今ほどの広がりはなかっただろう。

1910 様式論争

No!! 講事堂は日本人の手で！

エンデ＆ベックマン（ドイツ）による国会議事堂 第1案

辰野金吾

明治政府が検討していた国会議事堂計画に対し、辰野金吾はコンペの実施を主張。その実現のために、「我国将来の建築様式を如何にすべきや」という討論会を2度にわたり実現した。

背景には英国留学組（辰野ら）とドイツ留学組（妻木頼黄ら）の対立も。

1920 分離派建築会

東京帝国大学建築学科を卒業した
ばかりの石本喜久治、堀口捨己、
山田守ら6人が1920年に「分離派
建築会」を設立。工学重視のアカデ
ミズムに異を唱える。

堀口捨己　森田慶一　矢田茂
山田守　石本喜久治　瀧澤眞弓

設立宣言の冒頭文 ▶

1920

斎場の試案/堀口捨己

国際労働協会（案）
/山田守

その活動は注目を集め
るも、当時、東大建築
学科の中心にいた佐野
利器（耐震工学）の反
感を買い、メンバーは
設計事務所や地方の
大学に職を得る。

個別のデザインで騒動になった最初
の建築はおそらくこれ。

1933 「夏の家」類似問題

アントニン・レーモンド

レーモンド 軽井沢別荘（夏の家）/1933

レーモンドの「軽井沢別荘（夏の家）」
を雑誌『アーキテクチュラル・レコード』
で見たル・コルビュジエが「これは私の
エラズリス邸の盗作ではないか」と手紙
を送った。手紙のやりとりで最終的には
和解したとされる。

盗作？

バタフライ屋根
&スロープ

ル・コルビュジエ

エラズリス邸計画案/1930/
チリ/設計：ル・コルビュジエ

1930年代「帝冠様式」論争 (1931 東京帝室博物館コンペ)

名古屋市庁舎/
1933/設計：
平林金吾

昭和初期、ナショナリズムの台頭を背景として、鉄筋コンクリート造に日本風の屋根を架けた建物が増え、「帝冠様式」と呼ばれた。

軍人会館
(九段会館)/1934
/設計：川元良一

負ければ賊軍.
さんど…

前川
國男

前川國男はこの風潮に異を唱え、「日本趣味」が条件となった「東京帝室博物館」コンペで、落選覚悟でモダニズム案を提出。「負ければ賊軍」の名言も。

東京帝室博物館
前川國男案

しかし、その前川も戦時下に実施された「在バンコク日本文化会館」コンペでは大屋根の案を提出。あの前川が転向か？と議論を呼んだ。

1943 前川國男転向?事件

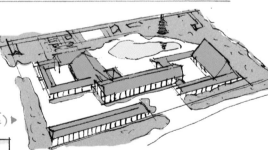

在バンコク日本文化会館 前川國男案(2等) ▶

このコンペでは、当選した丹下健三案も寝殿造風の屋根建築。

◀ 丹下健三案 (1等)

是非はさておき、戦時下にモダニズム建築を実現する不自由さが、戦後に"爆発"するエネルギーとなった。

1956 縄文 vs. 弥生

松井田町役場/1956/群馬県/
設計：白井晟一

縄文

白井晟一
1905
-1983
→P.33

「私は長い間、日本文
化伝統の断面を
縄文と弥生の葛藤
においてとらえようと
してきた」

弥生 丹下健三

丹下邸/1953/設計：丹下健三

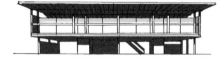

戦後になると一転、日本的なものをど
うモダニズムに取り入れるかが建築家
たちの関心事になる。

そのひとつの表れが
「松井田町役場」の
発表時に白井晟一が
書いた「縄文的なるも
の」という文章。

これは弥生系の丹下健三をチクリ
と刺したもの。以後、縄文・弥生
の例えは人気のフレーズに。

1974ー巨大建築論争

評論家の神代雄一郎が1974年、
開発中の新宿副都心の超高層ビル
群などに対して、「巨大建築に抗議
する」という文章を発表。批判され
た当事者や評論家を巻き込んで、
反論・再反論と広がっていく。

いやなビルだ…
こうじろ
神代雄一郎
1922
-2000

新宿三井ビル
ディング/1974/
設計：日本設計
ほか

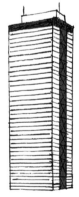

反論の中でも有名
なのが、林昌二に
よるこの言葉→

その社会が建築を創る

ただし、議論は本質に向かわず、揚げ足取りの様相に。
その後の"評論不在"の一因がここにある。

林昌二
1928-2011

索引

人物・組織名称

117

著者略歴

宮沢 洋（みやざわ・ひろし）

画文家、編集者、BUNGA NET代表兼編集長。1967年、東京都生まれ。
1990年、早稲田大学政治経済学部政治学科卒業、日経BP社入社。『日経
アーキテクチュア』編集部に配属。2016〜19年、同誌編集長。2020年、磯
達雄とOffice Bunga共同主宰。2021年、株式会社ブンガネット設立。主な
著書＝『プレモダン建築巡礼』『昭和モダン建築巡礼』『ポストモダン建築巡礼』
『菊竹清訓巡礼』（以上、磯達雄との共著、日経BP）、『隈研吾建築図鑑』
（日経BP）、『誰も知らない日建設計』（日本経済新聞出版）、『画文でわかる
モダニズム建築とは何か』（藤森照信との共著、彰国社）、『シネドラ建築探訪』
（日本経済新聞出版）、『はじめてのヘリテージ建築』（日経BP）ほか。

画文でわかる　建築超入門［歴史と創造］

2024年1月10日　第1版　発行

著作権者との協定により検印省略

自然科学書協会会員
工学書協会会員

Printed in Japan

画・文　宮　沢　　　洋

発行者　下　出　雅　徳

発行所　株式会社　彰　国　社

162-0067　東京都新宿区富久町8-21

電　話　03-3359-3231(大代表)

振替口座　00160-2-173401

© 宮沢洋　2024年

印刷：真興社　製本：中尾製本

ISBN 978-4-395-32201-5　C3052　https://www.shokokusha.co.jp